LES JOURNALISTES SONT FORMIDABLES

FRANCIS MOREL
JEAN-MICHEL SALVATOR

LES JOURNALISTES SONT FORMIDABLES

Cinquante ans d'histoire des médias

CALMANN
LÉVY

Ouvrage dirigé par Christian de Villeneuve

COUVERTURE
Conception graphique : Coco Bel Œil
Illustrations : Jesadaphorn / Anastasiia_New / hakelule / VectorHot / Istock

ISBN : 978-2-7021-6643-7

À Étienne Mougeotte, ami et guide
depuis plus de trente ans.

Ne pleure pas le soleil qui se couche, tes larmes t'empêcheraient de voir les étoiles se lever.

Proverbe indien

Le premier devoir d'un journaliste est d'être lu.

Pierre LAZAREFF

Avant-propos

UN INCROYABLE BIG BANG

La presse a plus changé ces soixante dernières années qu'en six cents ans. Elle est passée en accéléré du plomb au digital, de Gutenberg à Zuckerberg. L'information est sans doute le domaine où le big bang numérique a été le plus radical. En quelques décennies, nous avons vu l'ordre ancien se fissurer avec une nouvelle concurrence pour les journaux papier. Nous avons vu nos habitudes se modifier avec l'apparition des smartphones et la généralisation de la vidéo. Nous avons vu le fonctionnement de nos démocraties se métamorphoser avec la montée en puissance des réseaux sociaux, parfois pour le meilleur, souvent pour le pire. Nous avons vu les réactions de l'opinion publique se modifier. L'onde de choc touche tout le monde : la presse écrite, qui voit le temps s'accélérer et subit la tyrannie de l'information urgente et permanente ; le monde audiovisuel, qui doit affronter la consommation à la carte de l'information et des divertissements proposés par Netflix ; les journalistes, qui se voient concurrencés par les blogs, les réseaux sociaux, les *fake news* ou l'intelligence artificielle ; les imprimeries des quotidiens, qui avaient investi pour passer à la couleur, se retrouvent prises à contre-pied ; les marchands de journaux, qui voient les tablettes comme une alternative à la distribution traditionnelle ; les régies publicitaires, qui assistent impuissantes à la fuite de leur chiffre d'affaires vers les GAFA (Google, Apple, Facebook, Amazon) ; le marketing, qui va désormais faire son miel des incroyables perspectives de la data.

Nos habitudes sont chamboulées. L'invention en mars 1989 par Tim Berners-Lee du World Wide Web (www) va provoquer une remise en cause totale. Nous ne nous informons plus comme avant. D'autres secteurs ont connu des bouleversements brutaux, telles les agences de voyages ou l'édition musicale. Mais ça n'est pas faire injure au marché du tourisme ou à celui du disque que de rappeler qu'ils n'ont pas la même histoire séculaire et qu'ils n'occupent pas cette place si particulière dans nos démocraties. La révolution technologique que nous vivons entraîne une révolution culturelle. Comme au XVe siècle ! Avec l'imprimerie, Gutenberg a permis une diffusion du savoir, des connaissances et des idées comme on n'en avait jamais connu. Jusque-là, on écrivait sur du bois, des parchemins ou du papyrus. Tout a changé. On peut affirmer aujourd'hui que la révolution digitale est de même ampleur. Elle bouleverse les rapports humains, car elle modifie notre façon de communiquer et d'échanger. Elle influe aussi sur la vie publique et la cristallisation de l'opinion.

Chacun à sa place, nous avons été les observateurs, bien souvent les acteurs, et parfois même les initiateurs de cette incroyable métamorphose. Deux regards : celui d'un patron de presse qui doit changer le modèle des groupes qu'il dirige ; celui d'un directeur de rédaction qui doit inventer un nouveau média et faire évoluer les contenus et donc le travail des journalistes. Deux expériences dans tous les styles de presse, et une même réalité. Celle d'un tourbillon passionnant, stimulant mais parfois inquiétant, tant le choc est brutal. Qu'on en juge.

Quand Francis Morel entre dans la presse, il débarque chez *France-Soir*, l'un des médias les plus prestigieux. À cette époque pas si lointaine, le quotidien est composé et imprimé rue Réaumur à Paris, suivant cette bonne vieille technique remontant à 1438, héritée de Gutenberg et qui n'a pas fondamentalement changé. L'ère du plomb s'achève. L'offset prend le relais, suivi par une série ininterrompue d'innovations dans la transmission des textes et des images et dans la distribution. Puis le numérique déboule et bouscule les habitudes en rapprochant toutes les techniques et tous les styles de presse jadis bien spécifiques : l'écrit, la photo, la radio, la télévision et la vidéo.

En 1974, *France-Soir* assiste à la montée en puissance de la télévision, qui reste un solide monopole géré par l'ORTF. TF1, Antenne 2, France Régions 3, l'INA, TDF et la SFP ne verront le jour que l'année suivante.

Après *France-Soir*, Francis Morel poursuit sa carrière d'éditeur au *Journal du dimanche*. Très vite, il prend la direction de grands groupes comme les Éditions mondiales (*Télé Poche*, *Intimité*, *Nous deux*) et devient un acteur du renouveau de la presse magazine avec le lancement d'*Auto Plus*. Puis il deviendra successivement patron du groupe *Figaro*, des *Échos* et du *Parisien*. C'est là qu'il va mener la modernisation des imprimeries de ces deux groupes, la transformation du papier face à cette nouvelle donne et le passage réussi au numérique. Parallèlement, il mène, au nom des éditeurs français, une négociation avec Google qui débouchera sur 20 millions d'aides à la profession pendant trois ans pour accélérer sa digitalisation. Aujourd'hui, Francis Morel est senior advisor chez McKinsey et conseille Google dans ses relations avec la presse française.

Jean-Michel Salvator, quant à lui, entre à Europe n° 1 en mars 1981, à une époque où la FM est silencieuse. L'explosion des radios libres sera pour mai 1981. À l'époque, comme reporter radio, il fait ses interviews sur un magnétophone de marque Nagra, qui pèse 12 kilos… Le montage des bandes magnétiques se fait au Scotch et aux ciseaux de coiffeur. Sur le terrain, l'obsession du reporter est à l'époque de trouver un téléphone pour envoyer un reportage. Parallèlement, il fera partie de l'équipe de lancement de *Mon quotidien*, un journal papier destiné aux enfants. En 1998, il fait un passage au *Journal du dimanche*. Il y crée le service Économie. Puis il participe à la modernisation et à la digitalisation de la rédaction du *Figaro* aux côtés de trois directeurs successifs, Nicolas Beytout, Étienne Mougeotte et Alexis Brézet. Il reste numéro deux des rédactions pendant dix ans. Plus récemment, il a rejoint le groupe Altice où il a dirigé la chaîne BFM Business, puis les rédactions numériques de Blue Stories, RMC et BFMTV qui opèrent un rattrapage spectaculaire.

C'est l'histoire de cet incroyable big bang que nous nous proposons de raconter. C'est à la fois une remise en cause totale, mais aussi une cure de jouvence pour la presse écrite, un secteur que l'on disait vieillissant et fossilisé dans ses habitudes et ses statuts. L'écrit essuie les plâtres, mais le monde de l'audiovisuel sait bien que son tour arrive. La révolution digitale en cours a mis en évidence les qualités irremplaçables des médias indépendants dans une démocratie, qu'ils soient imprimés ou diffusés : la crédibilité, l'influence et, quoi qu'on en dise, l'indépendance. C'est le trésor des médias. Car pratiquement tous les sites d'info qui comptent n'ont réussi à construire un nouveau modèle qu'à partir d'une marque préexistante créée et développée sur la base d'un média de l'ancien monde : la presse quotidienne, puis désormais la télévision et la radio. Il y a des exceptions mais elles sont rares : le *Huffington Post*, *Mediapart* ou *Politico* aux États-Unis.

Chapitre I

PRESSE : LA BELLE RÉSISTANCE

France-Soir, *La Tribune*, *Métro* en France, *The Independent* en Grande-Bretagne, *Newsweek*, *The Christian Science Monitor* aux États-Unis… On ne compte plus les publications qui abandonnent leur version papier ou qui disparaissent purement et simplement face à la montée en puissance du numérique. Il se trouve même des Cassandre pour annoncer la disparition totale des journaux papier. Francis Gurry, le directeur général de l'Organisation mondiale de la propriété intellectuelle, une agence de l'ONU, prédisait il y a quelque temps la fin des quotidiens aux États-Unis pour… 2017 et partout dans le monde pour 2040. Des prophéties qui incitent à la prudence (et à la modestie), tant l'avenir semble incertain. Plus récemment, Mark Thompson, le P-DG du *New York Times*, maintenait néanmoins que dans son pays, la presse papier devrait disparaître dans les dix prochaines années. Un pessimisme qui se nourrit de la crise sans précédent que connaît la presse américaine. En quinze ans, 240 000 emplois ont été supprimés sur 410 000 ! L'hémorragie de lecteurs et de journalistes est planétaire. Jamais la presse écrite n'a affronté un tel tsunami. Jamais elle n'a connu une concurrence aussi redoutable. Jamais elle n'a été attaquée à ce point dans son existence même. Depuis presque vingt ans, la montée en puissance du numérique apparaît comme une remise en cause permanente. Un défi sans précédent.

La menace des nouveaux médias

C'est que cette crise-là ne ressemble pas aux autres. Jusqu'à présent, la presse écrite avait su résister à la concurrence, en s'adaptant et en se réinventant. Cette fois, tout l'ordre ancien vacille, car la révolution digitale est d'abord une révolution technologique surpuissante. Ce nouveau média est à la fois instantané, mobile, disponible partout vingt-quatre heures sur vingt-quatre. Il permet une convergence de toutes les formes d'expression (écrit, image et son) avec les télécoms. C'est aussi un média qui profite de la puissance de calcul des moteurs de recherche pour développer un marketing hyper-ciblé et diablement efficace. Pourtant, la presse écrite en avait vu d'autres. Car depuis l'apparition de la radio il y a une centaine d'années, elle a eu à faire face à une multitude de nouveaux médias qui se sont installés dans le paysage à côté d'elle, les uns après les autres. La télévision juste avant la Seconde Guerre, les magazines d'actualité (ou « newsmagazines ») juste après, les radios libres en 1981, France Info en 1987, les chaînes d'information en continu avec LCI en 1994, les journaux gratuits avec *20 minutes* en 2002. La presse a longtemps vécu avec l'idée que l'irruption d'un nouveau média ne tuait jamais les supports existants. Par l'innovation qu'ils apportaient, par les usages inédits qu'ils créaient, les arrivants trouvaient leur place dans un paysage qu'ils enrichissaient. C'est ainsi que la télévision n'a pas tué la radio ; que le concept des hebdomadaires venu des États-Unis, comme *Le Nouvel Observateur*, *Le Point* ou *L'Express* n'a pas fait disparaître la presse quotidienne ; que les radios libres comme NRJ, Nostalgie, Skyrock ou Radio Classique n'ont tué ni FIP, ni France Musique, ni ce que l'on appelait les « radios périphériques » comme RTL, RMC ou Europe 1 ; que Canal+ en 1984, M6 en 1987 puis la TNT en 2005 n'ont pas renversé les chaînes historiques comme TF1 ou France 2 et France 3 ; que les journaux gratuits comme *Métro*, *Direct Matin* et *20 minutes* n'ont pas éliminé non plus la presse payante, nationale ou régionale.

Le papier plie, mais ne rompt pas

Évidemment, chacune de ces nouvelles concurrences est comme un coup de boutoir sur la bonne vieille presse écrite, qui plie, mais ne rompt pas. Avec le temps, elle a dû composer et accepter de partager le gâteau. Contrainte et forcée ! Mais elle a tenu bon et s'est maintenue dans l'adversité. Après la Libération, on comptait 28 quotidiens nationaux en France[1]. Les tirages avoisinaient les 6 millions d'exemplaires. Aujourd'hui,

1. Tableaux statistiques de la presse, Direction générale des médias et de l'industrie de la presse, ministère de la Culture.

il n'y a plus qu'une dizaine de quotidiens : *La Croix*, *Les Échos*, *L'Équipe*, *Le Figaro*, *Libération*, *Le Monde*, *L'Opinion*, *Le Parisien-Aujourd'hui en France*, l'édition européenne du *New York Times* et *Présent*. Auxquels il faut y ajouter *L'Humanité*, le journal de Jean Jaurès, qui est au plus mal, *Le Journal du dimanche*, « quotidien du 7e jour », et *Le Petit Quotidien*, *Mon quotidien* et *L'Actu*, trois publications pour enfants et adolescents, qui parviennent à se maintenir depuis plus de vingt ans, lorsqu'ils ont été créés par François Dufour.

En fait, l'histoire de la presse quotidienne est celle d'un recul lent mais continu. Quand on regarde l'évolution depuis la guerre, le nombre de quotidiens s'est assez vite stabilisé autour de la quinzaine en 1950. On a vu disparaître des titres emblématiques comme *L'Aurore*, *Combat*, *La Cote Desfossés*, *France-Soir*, *Paris-Presse*... Mais le plus spectaculaire est la très forte érosion des ventes. Un phénomène inexorable et puissant, largement dû au changement de paysage qu'a engendré l'essor de l'audiovisuel. Seule l'année 1968 a permis aux ventes de se redresser fortement mais... provisoirement.

Vie et mort de « France-Soir »

Parmi ces disparus, un titre phare symbolise la violence des évolutions qu'a subies la presse écrite : *France-Soir*. Créé par la Résistance en novembre 1944, le titre va connaître un succès phénoménal sous l'impulsion de Pierre Lazareff au sein du groupe

Hachette. En 1953, le tirage quotidien atteint le million d'exemplaires, pour dépasser un million et demi au moment de la guerre d'Algérie. Avec des unes chocs, une forte réactivité aux événements, des grandes signatures (Lucien Bodard, Joseph Kessel, Philippe Labro) et des scoops en pagaille, tout réussit à *France-Soir*. Le journal est le premier à annoncer la mort de De Gaulle. Un scoop de Pierre Lazareff, l'un des hommes les mieux informés de Paris, qui avait alors un privilège rare : un téléphone dans sa voiture. Ce jour-là, les ventes approcheront les 2 millions et demi. Entre 1958 et 1972, on comptera jusqu'à huit éditions quotidiennes du journal, vendu à la criée. Le départ de Pierre Lazareff et la concurrence du journal de 20 heures de l'ORTF finiront par dérégler cette très belle machine. Les propriétaires vont se succéder sans trouver de solution pour ce titre si emblématique : ni Hachette, ni Paul Winkler en 1976, ni Robert Hersant en 1977, ni Georges Ghosn en 1999, ni Raymond Lakah en 2004, ni Jean-Pierre Brunois en 2006, ni Alexandre Pougatchev en 2009. On assiste aussi à une valse des directeurs de rédaction qui témoignent de la profondeur de la crise et du désarroi qui s'empare de tous, face à cet inexorable déclin. De bons professionnels sont appelés à la rescousse et finissent par jeter l'éponge : Bernard Morrot, Philippe Bouvard, Yves Thréard, André Bercoff, Valérie Lecasble, Jean-Luc Mano ou Rémy Dessarts. En 2000, les ventes plafonnent à 170 000. *France-Soir* disparaît des kiosques en décembre 2011 !

Une décision funeste va précipiter sa chute. Constatant que la presse populaire est plus vulnérable que les autres, le dernier propriétaire, Alexandre Pougatchev, décide de modifier l'identité du journal en le « montant en gamme » pour tenter de séduire une clientèle de cadres. Un pari risqué tant l'ADN de *France-Soir* est fort. Le cahier central jaune « *France-Soir* Tiercé » disparaît. C'est LA fausse bonne idée. Non seulement le titre ne va pas attirer la nouvelle clientèle qu'il vise, mais encore les anciens lecteurs vont s'en détourner. On estime à 30 % les habitués de ces pages qui abandonneront le journal pour *Le Parisien*, *Paris Turf* ou… Internet qui commence à se développer sur ce marché. C'est une loi d'airain dans la presse et sans doute ailleurs. L'image d'un titre bien implanté est telle qu'on ne se risque pas à la modifier précipitamment, sans s'exposer à une sanction sévère des lecteurs.

Deux cas particuliers

Ironie de l'histoire, il se trouve que *Le Journal du dimanche* (*JDD*), qui fut, jadis, l'édition dominicale de *France-Soir*, a, lui, réussi cette opération de repositionnement, mais en plus de vingt ans d'efforts continus. Fondé par Pierre Lazareff en 1948, le *JDD* a longtemps été un journal populaire. Lorsque Hachette vend *France-Soir* en 1976, le groupe décide de conserver cette édition du dimanche encore puissante et influente. Quelques années plus tard, Jean-Luc Lagardère en confiera la direction à Étienne Mougeotte, Paul Giannoli puis Alain Genestar et Jean-Claude Maurice, qui le feront évoluer radicalement.

À partir de 1981, outre le sport, les courses et les faits divers, l'hebdomadaire muscle ses pages politiques qui deviennent incontournables. Un cocktail réussi d'interviews, de sondages et de récits. Puis, en 1998, un service Économie est créé. L'objectif est là aussi « de monter en gamme » alors que le monopole du *JDD* sur la presse du dimanche est attaqué de toutes parts. Depuis déjà longtemps, certains quotidiens régionaux paraissent sept jours sur sept. Mais *Le Journal du dimanche* va voir ses positions menacées sur les deux régions où il restait en situation de monopole avec *Ouest-France Dimanche* et *Le Parisien Dimanche.* Ce dernier propose à son tour des « éditions du 7ᵉ jour » à l'occasion de la Coupe du monde de football de 1998. *L'Équipe* fait de même. *Le Journal du dimanche* n'a d'autre solution que de laisser cette clientèle populaire à ses concurrents. Le créneau est trop encombré et la concurrence avec des quotidiens puissants trop périlleuse. Le *JDD* passe du même coup au format berlinois. Comme *Le Monde* ! Tout un symbole. Cette mue s'achèvera avec l'arrivée d'Hervé Gattegno à la direction du journal en 2016, et un contenu digne des meilleurs quotidiens dominicaux anglo-saxons.

L'Équipe occupe aussi sur le marché français une place à part. C'est l'un des quotidiens les plus lus. Son record de vente remonte au 13 juillet 1998, au lendemain de la victoire de l'équipe de France de football. Un événement qui aura décidément beaucoup marqué la presse… Créé en 1948 par Jacques Goddet, le journal *L'Équipe* s'est maintenu et s'est diversifié en lançant un magazine de fin de semaine en 1980, une chaîne de télévision sur la TNT (L'Équipe 21) et un site internet qui bat des records d'audience : plus de 17 millions de visiteurs uniques par mois. Toutes les tentatives pour casser son « monopole de fait » ont échoué. La plus marquante a sans doute été le lancement du quotidien *Le Sport* en septembre 1987. Financé notamment par le groupe Bouygues et imaginé par des anciens de *L'Équipe* comme Jérôme Bureau, *Le Sport* n'a pas tenu un an. L'objectif était de ringardiser son adversaire. Par cette concurrence nouvelle, il l'a en fait poussé à se moderniser.

Les nouveaux venus en échec

Depuis la Libération, la plupart des créations de nouveaux titres n'ont pas survécu, faute de trouver leur public. Même Marcel Dassault s'y est cassé les dents. Encouragé par le grand succès de son hebdomadaire *Jours de France* (750 000 exemplaires) et de ses tribunes « du café du Commerce », l'avionneur crée un quotidien en 1966 baptisés *24 heures*. Le succès n'est pas immédiat. Il préfère jeter l'éponge : « Je me suis rendu compte qu'il faudrait tenir pendant des années et le quotidien est un travail harassant. Je ne pouvais m'y laisser prendre[2]. » Et d'ajouter : « Quelqu'un qui fait d'abord de l'aviation peut s'intéresser à d'autres sujets qui ne l'absorbent pas trop, mais être rédacteur en chef d'un quotidien, c'est impossible. » Car, dans l'esprit de Marcel Dassault, il était clair qu'il devait s'en

2. Claude Carlier, *Marcel Dassault, la légende d'un siècle*, Perrin, 1991.

occuper directement, comme il le faisait pour *Jours de France*. Avec des idées très personnelles qui ont trouvé leur public : « On ne dit jamais de mal de personne et toujours du bien quand il y a l'occasion d'en dire. Il y a des romans intéressants, de belles photos de mode, de l'actualité gaie. Pas de choses tristes ou très rarement. J'aurais aussi bien pu l'appeler *La Vie en rose*. » Marcel Dassault a toujours eu la passion de la presse. En 1953, il a même été jusqu'à envoyer à Jean-Jacques Servan-Schreiber un « petit chèque » de 5 millions de francs pour l'aider à lancer *L'Express*. Mais ce dernier le lui renverra courtoisement. En fait, le groupe Dassault attendra un demi-siècle pour prendre sa revanche sur le marché des quotidiens et des magazines d'actualité avec *Le Figaro* et *Le Figaro Magazine*... Et là, Serge a fait mieux que son père !

Dans la presse parisienne, l'année 1977 a sans doute été la plus animée de l'après-guerre, avec deux lancements marquants. D'abord, *J'informe*, à l'initiative de Joseph Fontanet, un ancien ministre de Georges Pompidou. La ligne se veut libérale et centriste. L'ambition est d'occuper un créneau entre *Le Monde* et *Le Figaro*. L'aventure s'arrête un peu plus de dix semaines plus tard... L'autre création de 1977 durera, elle, dix ans. C'est *Le Matin de Paris*, lancé par Claude Perdriel, déjà propriétaire du très influent *Nouvel Observateur*. L'objectif est de soutenir la candidature d'un socialiste à la présidentielle de 1981 face à Valéry Giscard d'Estaing, bien parti pour se représenter. À l'époque, la concurrence entre Michel Rocard et François Mitterrand fait rage. Après la victoire, le quotidien sera un temps dirigé par Max Gallo, qui fut le porte-parole du gouvernement Mauroy. Cette proximité avec le pouvoir lui sera fatale. Au *Matin de Paris*, Max Gallo fera appel à son ancien directeur de cabinet, un certain François Hollande, qui signe des points de vue sur des sujets économiques assez arides. Il venait les apporter lui-même à la rédaction et prenait un plaisir évident à côtoyer des journalistes. Le quotidien socialiste disparaît, comme beaucoup d'autres pendant la période.

Le Quotidien de Paris, qui avait succédé au très respecté *Combat*, a aussi tiré sa révérence le 28 juin 1978. Dans un dernier éditorial grinçant, Philippe Tesson refuse les condoléances qui se multiplient : « Si les gens qui pleurent sur la disparition des journaux les avaient lus, ceux-ci ne seraient pas morts. » Moins innovantes, les tentatives de deux anciens ministres seront très éphémères : *Paris ce soir* en 1985, parrainée par le centriste Michel Jobert, et *Le Quotidien de la République* d'Henri Emmanuelli en 1997. Dans ce marché plus difficile que jamais, des projets audacieux fleurissent aussi avec la volonté d'inventer autre chose et de renouveler le genre. C'est ainsi qu'en 1991 Jean Schalit lance *La Truffe*. Son idée est de proposer un quotidien d'investigation avec l'ambition d'apporter une forte valeur ajoutée qui justifie l'acte d'achat d'un quotidien. Las ! *La Truffe* n'a pas tenu la distance et disparaît après quelques numéros. Autre initiative innovante, *InfoMatin*, un journal qui se veut moderne et bon marché, avec un format pratique (le tout petit format), tout en couleurs, avec des articles courts et nerveux. Un concept très marketing, ce qui est inédit pour un quotidien en France. Il vise les jeunes actifs et préfigure les journaux gratuits qui débarqueront cinq ans plus tard. Là encore, c'est l'échec. *InfoMatin* disparaît deux ans après son lancement.

Les survivants

Il y a néanmoins deux exceptions à cette hécatombe : à gauche, *Libération*, parrainé par Jean-Paul Sartre et dirigé par Serge July, lancé en 1973. Il se réinventera en 1981, trois jours après la victoire de François Mitterrand, avec une nouvelle formule et son fameux logo au losange rouge. Il dépoussière le marché par de nouvelles écritures, un ton décapant, une ironie grinçante et un traitement innovant de la photo. En termes d'influence, *Libé* a connu son apogée pendant ces années Mitterrand. À droite, *L'Opinion* de Nicolas Beytout s'est positionné à partir de 2013 comme un journal libéral d'opposition à la politique de François Hollande, à mi-chemin entre *Le Figaro* et *Les Échos*. Un lancement courageux alors que la crise du secteur s'accélère déjà.

La presse régionale a subi la même évolution que sa grande sœur, mais elle a mieux résisté : 175 titres pour un tirage de plus de 9 millions d'exemplaires en 1946 contre une cinquantaine de titres et 4,5 millions d'exemplaires aujourd'hui. Certains ont cessé de paraître, d'autres ont fusionné avec leur concurrent. L'attrait que conserve l'information de proximité a permis d'atténuer la violence de la crise. Mais une restructuration semble aujourd'hui inéluctable. Le paysage devrait continuer à évoluer entre la petite dizaine d'acteurs qui se partagent le marché. L'ensemble aujourd'hui le plus puissant est le groupe EBRA, propriété du Crédit Mutuel, qui, par la volonté d'un homme, Michel Lucas, a entrepris à partir de février 2006 de racheter tous les titres implantés entre Nancy et Grenoble : *L'Alsace*, *Les Dernières Nouvelles d'Alsace*, *L'Est républicain*, *Le Républicain lorrain*, *Le Bien public*, *Le Progrès* et *Le Dauphiné libéré*. Baptisé groupe EBRA pour Est-Bourgogne-Rhône-Alpes, l'avenir de cet ensemble reste aujourd'hui en suspens, depuis que Michel Lucas, qui poursuivait là une stratégie personnelle, a quitté le groupe. Il est aujourd'hui décédé. Le groupe EBRA est désormais entre les mains de Philippe Carli, ex-directeur général du groupe Amaury, et de Nicolas Théry, le nouveau président du Crédit Mutuel. D'autres groupes sont à des moments clés de leur histoire : *Sud-Ouest*, détenu par la famille Lemoine, *La Provence* qui appartient à Bernard Tapie ou encore *Nice-Matin* et évidemment *Ouest-France*. Ce dernier, qui détient le prestigieux titre de premier quotidien de France, a perdu fin 2017 son patron emblématique, François-Régis Hutin. Un homme qui, des décennies durant, a porté et incarné ce quotidien, au point d'avoir rédigé un article posthume publié, comme il le souhaitait, dans les éditions au lendemain de sa mort. Une page d'histoire commencée à la Libération s'est tournée.

Presse et capitaines d'industrie

On le voit, le secteur a été particulièrement chahuté pendant toutes ces années, mais s'est maintenu, bon an, mal an, grâce notamment à des actionnaires venus à la rescousse et prêts à investir. Jadis les Jean Prouvost (Hachette), Marcel Boussac (*L'Aurore*) ou Jean-Luc Lagardère. Dans la dernière période, Xavier Niel, Pierre Bergé et Matthieu Pigasse pour *Le Monde*, Serge Dassault pour *Le Figaro* ou Bernard Arnault pour *Les Échos* et *Le Parisien*, François Pinault pour *Le Point*, Alain Weill pour *L'Express*. Il y a aussi, depuis 2018, le milliardaire tchèque Daniel Kretinsky, qui a fait fortune dans l'énergie et s'est pris de passion pour la presse française. Il a racheté coup sur coup *Marianne*, et plusieurs magazines du groupe Lagardère, dont *Elle*. Il est aussi entré au capital du *Monde*.

Les États-Unis connaissent le même phénomène avec Jeff Bezos, le créateur d'amazon.com, qui a racheté *The Washington Post* en 2013. Il ne se fait alors guère d'illusions lorsqu'il compare la presse écrite à la marine à voiles. Sympathique mais obsolète en l'état. Sa conviction est faite. Il n'y a pas de fatalité au déclin. C'est ce qui le pousse à investir. Mais à une condition : il faut d'urgence moderniser ce secteur en misant sur les nouvelles technologies. Cela implique d'injecter beaucoup d'argent pour l'aider à relever ce gigantesque défi. Le groupe de Jeff Bezos va très vite passer aux travaux pratiques en développant un système rédactionnel baptisé ARC. Ce logiciel et ses solutions sont vendus dans le monde entier, notamment, en France, au *Parisien*. Le chiffre d'affaires de cette diversification atteindrait les 100 millions de dollars, les marges dépasseraient les 60 % ! En fait, à l'image d'Amazon, l'intérêt que manifestent les plus grands groupes (et leurs propriétaires) pour la presse s'est avéré une aubaine, des deux côtés de l'Atlantique. Au départ, c'est souvent un acte de foi, une marque de confiance dans l'avenir de la presse de qualité. Il faut aussi avoir les reins solides pour supporter les lourds déficits du papier et lancer de gros investissements dans le numérique.

En France, contrairement à une idée reçue, les aides à la presse sous forme de réduction de tarif postal ou de TVA réduite ne changent pas fondamentalement l'équation financière des quotidiens. Certes, ces subventions sont significatives pour les publications qui en bénéficient : entre 5,5 et 8 millions pour *Le Monde*, *Le Figaro*, *Libération* ou *Aujourd'hui en France*. Plus de 3,5 millions pour *L'Humanité*. Mais elles ne couvrent qu'une partie des déficits qui peuvent être abyssaux.

Plusieurs grands quotidiens français ont affiché pendant des années des pertes de 10 à 20 millions d'euros par an. Il n'est pas exagéré de penser que, sans les Dassault, Arnault, Pinault, Drahi, Niel, Bergé ou Pigasse, certains grands quotidiens français auraient succombé. Les rédactions voient toujours arriver ces grands capitaines d'industrie avec des sentiments hostiles. Elles redoutent un interventionnisme intempestif sur la ligne éditoriale et une perte d'indépendance. Le danger existe. Mais, au fil du temps, dans la plupart des titres, d'efficaces contre-pouvoirs se sont installés sous la pression des sociétés de rédacteurs, qui représentent les journalistes. Ces dernières ont demandé, et souvent obtenu, des garanties, comme la création d'un comité des sages qui veille au respect de la déontologie, l'instauration d'un droit de veto de la rédaction sur la nomination du directeur. La question de l'ingérence des groupes industriels dans les médias nourrit toujours beaucoup de fantasmes. En fait, l'expérience montre que, la plupart du temps, les patrons restent à distance des titres qu'ils contrôlent.

Même Serge Dassault, dont la pente naturelle était de peser sur la ligne du *Figaro*, limitait ses interventions à un article par an. À l'occasion des vœux, il signait un « papier » militant et offensif, mais c'était le seul, alors qu'il restait très impliqué dans la vie politique, notamment au Sénat et dans sa ville de Corbeil-Essonnes. De même, Patrick Drahi, patron d'Altice (SFR), ne dirige pas les conférences de rédaction de *Libération* qu'il contrôle ; Bernard Arnault ne décide ni des unes ni des contenus du *Parisien* et des *Échos* ; Martin Bouygues ne présente pas le journal de 20 heures de TF1. En réalité, les motivations des patrons qui investissent dans les médias sont plus subtiles et plus indirectes : ils recherchent tout à la fois de la reconnaissance, de la notoriété et de l'influence. « Depuis l'achat du journal, il est en ligne directe avec l'Élysée[3] », explique un proche d'un grand patron. Posséder un média donne un statut particulier à un dirigeant. Cela relève du « soft power ». Lorsque TF1 lance LCI, l'objectif est aussi d'y faire passer les hommes politiques et les dirigeants d'entreprise qui ne peuvent être invités sur la une. De même, les invités politiques de la matinale d'Europe 1 sont une aubaine pour ses proprié-

3. Propos rapportés par François Dufour, *Les 100 Mots du journalisme*, PUF, « Que sais-je ? », 2018.

taires, Jean-Luc Lagardère puis son fils Arnaud. Leur groupe a été longtemps fortement présent dans des activités dépendant fortement des commandes de l'État : la défense, l'aéronautique, les satellites civils et militaires, les télécoms, le métro automatique, etc. Accueillir chez eux la fine fleur du personnel politique crée des liens, parfois des amitiés. Jean-Luc Lagardère l'avait un jour résumé ainsi, alors que François Mitterrand était président de la République : « Quand je demande un rendez-vous à l'Élysée au nom de Matra (qui fabriquait des missiles, des satellites, les métros automatiques VAL et le Renault Espace), je l'obtiens dans le mois. Quand je le demande au nom d'Hachette, je l'obtiens dans la semaine. Quand je le demande au nom d'Europe 1, je l'obtiens dans la journée. »

Le Web de plus en plus gourmand

L'avènement du numérique à partir de 1996 et son irrésistible montée en puissance représentent une menace inédite pour l'ensemble du secteur. Le digital ne s'installera pas à côté des médias anciens. Non, il risque bien de les balayer et de prendre tout simplement leur place. Cette nouvelle concurrence ne ressemble vraiment pas aux précédentes. L'Internet n'est pas un nouveau média de plus qui va chercher à s'installer à côté des autres. La révolution numérique va non seulement accélérer la crise de la presse écrite, mais elle va jusqu'à la menacer dans son existence même. D'abord en la privant d'une de ses ressources essentielles, la publicité. Le cabinet BearingPoint a calculé qu'entre 2000 et 2017, la presse a perdu 71 % de ses recettes publicitaires[4]. Le coup est rude. Les autres médias souffrent nettement moins de cette nouvelle concurrence. Les ressources publicitaires de la télévision n'ont par exemple reculé « que » de 17 % sur la même période.

Mais, surtout, le numérique va menacer la principale source de revenus des quotidiens : la vente au numéro. Déjà, elle ne cessait de reculer en France comme dans tous les pays du monde depuis plusieurs années. L'habitude se perd, souvent parce que les marchands de journaux ne sont pas assez nombreux. Avec le digital, la baisse, que ce soit en kiosque ou par abonnement, va s'amplifier. Le recul est d'un tiers en dix ans ! Tous titres confondus à Paris, nous sommes passés de 519 millions d'exemplaires écoulés en 2006 à 346 millions en 2016[5]. La presse tremble sur ses bases. L'audience sur Internet rapporte trois fois moins que sur le papier. Les médias doivent imaginer un modèle bâti sur l'explosion des usages numériques qui représentent l'avenir. Ils vont devoir se battre pour qu'ils représentent aussi *leur* avenir.

Le poids des marques

Il va falloir être sur tous les fronts. Celui de la mutation des usages vers l'ordinateur, puis les

4. Étude de BearingPoint pour le ministère de la Culture et le CSA, août 2018.
5. Étude SPQN (Syndicat de la presse quotidienne nationale), mars 2018.

smartphones et la vidéo. Celui aussi de la mutation des revenus. Il faut trouver de nouvelles recettes et développer une politique de diversification compatible avec l'ADN de chacun des titres. Pour *Le Figaro*, l'inspiration viendra souvent du temps glorieux incarné par Jean d'Ormesson, qui n'a été directeur général du quotidien que de 1974 à 1977. Pourtant, jusqu'à sa mort en 2017, les enquêtes internes montraient qu'une grande partie des lecteurs pensaient qu'il le dirigeait encore. Son empreinte sur le groupe est indélébile. On ressuscite donc les croisières (celles organisées jadis par Paquet avec « Jean d'O » sont entrées dans la légende), et l'on mise sur le voyage (avec plusieurs acquisitions comme Les Maisons du Voyage et Marco Vasco). Assez logiquement, *Le Figaro* se développe dans l'édition, avec, là encore, la Bibliothèque idéale de… Jean d'Ormesson ; il y aura aussi la vente de billets à des spectacles avec le rachat du site TickeTac ; l'acquisition de la Chaîne Météo et de son site Météo Consult. Mais gare aux fausses bonnes idées. Une diversification dans la vente de produits d'assurance (C plus sûr) a fait chou blanc. La marque *Le Figaro* n'avait aucune légitimité dans ce secteur-là. Globalement, sur les 600 millions de chiffre d'affaires du groupe, un tiers provient de ces activités hors média. Au *Monde* où la stratégie de diversification est analogue, on préfère miser avec succès sur les conférences et les colloques. *Les Échos*, eux, frappent un grand coup en organisant, avec Publicis, VivaTech, un événement sur les nouvelles technologies. Il connaîtra un retentissement mondial dès la troisième édition, avec la présence de Mark Zuckerberg. La marque média agit comme une caution et une référence monétisable.

La presse régionale n'échappe pas à cette tendance. *Le Télégramme de Brest* a d'abord fait l'acquisition en 2000 d'un site d'offres d'emploi, Région Job, qui occupe l'une des toutes premières places sur le marché français, puis l'agrégateur Jobijoba. Parallèlement, le groupe breton a racheté en 2004 la société Pen Duick, qui organise la Transat AG2R La Mondiale, la Route du Rhum et la Solitaire du *Figaro*. Des activités complémentaires tournées vers l'océan Atlantique. En 2014, *Le Télégramme* a poussé son avantage en rachetant le groupe OC Sport, qui détient un portefeuille d'événements plus exotiques : le marathon de Genève, le Nice-Cannes, mais aussi des compétitions aux États-Unis, à Oman et en Chine ! *Le Télégramme* se met ainsi dans les pas de *L'Équipe*, qui organise lui aussi des événements sportifs depuis… plus d'un siècle : le Tour de France a été inventé en 1903 pour assurer un feuilleton d'actualité (et donc de bonnes ventes) en plein mois de juillet à *L'Auto*, devenue *L'Équipe* en 1946. Le quotidien sportif a poursuivi cette politique de diversification avec sa filiale ASO (Amaury Sport Organisation), qui orchestre aussi le Rallye Dakar, le Marathon de Paris et 70 autres événements dans 21 pays. Ces diversifications souvent réussies procurent des recettes bienvenues, mais restent modestes au regard des enjeux de la mutation numérique.

L'issue de cette révolution digitale est bien incertaine. Lorsque l'audiovisuel a commencé à s'imposer dans les années 1970, Jean Miot, un ancien directeur du *Figaro* et de l'AFP, a voulu se montrer rassurant : « L'écran ne tuera pas l'écrit », prophétisait-il. Certes, dans son esprit, la concurrence était rude, mais le papier avait quelque chose d'irremplaçable. Aujourd'hui, devant la poussée du numérique, personne ne se risque au moindre pronostic. L'écran aura-t-il le dernier mot tout court avec l'inexorable développement de l'image ? Assistera-t-on à la victoire de l'écran comme nouveau support de l'écrit ? Quelle place restera-t-il pour le papier ? L'histoire est en marche. Les innovations technologiques se multiplient. Les usages se modifient. Pour l'instant, l'écrit fait preuve d'une belle résistance. Chaque fois qu'un média écrit cesse de paraître sur papier pour se concentrer sur le digital, il finit toujours par disparaître. Comme si le numérique ne pouvait donner à lui seul à un média l'influence et le statut qui font sa force.

Chapitre II

LE GRAND PARADOXE : AUDIENCE EN HAUSSE, VENTES EN BAISSE

Malgré ces convulsions continues, malgré cette concurrence redoutable du digital, la presse écrite résiste donc. Elle préserve même l'essentiel : sa vocation d'information et de contre-pouvoir. Rien ne vient remettre en cause la répartition des rôles plus ou moins tacite entre les différents médias. Les quotidiens et les hebdos maintiennent leur place éminente dans notre vie démocratique, sans céder de terrain. Leur vocation reste intacte : celle de l'enquête, de la révélation, du reportage, du scoop. Par la puissance de feu de ses rédactions, le plus souvent étoffées et expertes, le « print » continue à être la principale source d'information du reste du système médiatique, à commencer par l'audiovisuel. Et personne ne peut soutenir sérieusement que la presse écrite a baissé la garde. *Le Parisien* est attendu, lu et décortiqué par toutes les radios, les télévisions et les sites internet, qui en font la matière première privilégiée de leur matinale. C'est riche, varié et toujours bien informé. Longtemps, *Le Monde* puis *Libération* ont occupé cette place stratégique dans le paysage. Les quotidiens donnent encore le ton de l'actualité.

Ce n'est pas un hasard si les journaux écrits sont à l'origine des affaires les plus retentissantes : un bon indicateur de la compétence, du mordant et de l'indépendance des journalistes. On ne peut ici que donner quelques exemples. *Le Monde* a à son actif des affaires comme la feuille d'impôts de Jacques Chaban-Delmas, le Rainbow Warrior sous Mitterrand ou l'affaire Benalla sous Macron ; *Le Canard enchaîné*, les diamants de Giscard ou l'affaire Penelope Fillon ; *Le Figaro*, le Médiator ; *Le Parisien*, le Lévothyrox ; le *JDD*, l'affaire des costumes de François Fillon et *L'Événement du jeudi* (aujourd'hui disparu), le sang contaminé. La vocation de l'audiovisuel est ailleurs : la rapidité, la recherche du bon témoignage, le commentaire à chaud, le récit et le reportage. Le digital a aussi sa spécificité : c'est devenu le média d'alerte par excellence. Dans ce nouveau paysage qui émerge, un site fait néanmoins exception. Mediapart créé par Edwy Plenel, l'ancien directeur du *Monde*. Ce média 100 % digital occupe une place à part avec une série de scoops retentissants, comme la révélation de l'affaire Cahuzac. Malgré les dénégations de l'intéressé et les pressions politiques de toutes sortes, Mediapart a maintenu ses informations. Son enquête était solide. Jérôme Cahuzac a démissionné, a été poursuivi et jugé. Un fait d'armes qui prend des allures de consécration. Depuis l'affaire du Watergate et l'enquête du *Washington Post* qui a poussé le président Nixon à quitter la Maison-Blanche en 1974, la référence absolue pour un média est de publier une enquête qui fait trembler les pouvoirs en place les mieux installés. Une autre reconnaissance de l'influence de Mediapart est venue quelques années plus tard, lorsque le président Emmanuel Macron a été interviewé à la télévision par Edwy Plenel et Jean-Jacques Bourdin. C'était sur BFMTV le 15 avril 2018. Pour la première fois, le patron d'un site internet participait à un tel événement sur une grande chaîne.

La nouvelle vocation des quotidiens

En fait, le tsunami du numérique est tel qu'il oblige les grands médias à repenser leurs contenus, à redéfinir leur ligne éditoriale pour résister : les quotidiens gratuits ont été les premiers à jeter l'éponge en abandonnant leur édition papier pour se concentrer sur le digital. C'est le cas de *Métro*, qui a cessé d'être imprimé pour tout miser sur son site, qui va ensuite fusionner avec lci.fr et TF1 News. Ils appartiennent tous les trois à la galaxie Bouygues. Les quotidiens payants comme *Le Monde*, *Le Figaro*, *Le Parisien*, dont la vocation était d'abord d'annoncer les nouvelles du jour, ont laissé cette mission au numérique pour se consacrer à des articles plus fouillés, des enquêtes ou des portraits. Une petite révolution. Finies les colonnes de brèves de toutes les tailles. Finis les papiers courts, incisifs, faciles à lire. Finie l'exhaustivité à tout prix. Le numérique s'en charge très bien et mieux que la presse papier. Il faut donc faire évoluer le contenu des quotidiens. Et le numérique va se révéler un aiguillon très efficace qui poussera la presse papier à gagner en densité.

C'est ainsi qu'à partir de 2006-2007 *Le Monde* lance une nouvelle formule révolutionnaire, dans le sillage de ce que les Anglo-Saxons ont expérimenté chez eux. Il s'agit d'un journal qui ne se veut plus forcément complet, mais devient plutôt un quotidien de l'essentiel. Le mérite en revient à son directeur de l'époque, Éric Fottorino, artisan courageux de cette rupture fondamentale. Pour un quotidien, accepter de faire des choix drastiques parmi les sujets, d'en traiter certains et de faire l'impasse sur d'autres, au risque d'être incomplet, est un véritable traumatisme. C'est un changement radical de perspective. De tout temps, les quotidiens se sont battus pour « boucler » le plus tard possible afin de coller au plus près de l'actualité et de donner un maximum de nouvelles. La rupture est d'autant plus traumatisante que, quelques années auparavant, le mouvement était rigoureusement inverse.

Journal total ou journal essentiel

Chaque journal, par la richesse de ses contenus, se faisait fort de proposer une offre globale, qui couvrait un spectre d'actualité très large. C'est le pari de Libé 3, nom de code d'une nouvelle formule lancée en 1994, que Serge July définit comme « un journal total », pour justifier les 80 pages du quotidien. Le succès commercial n'a pas été au rendez-vous, mais ce projet était bien dans l'air du temps. C'est aussi le pari de Nicolas Beytout, d'abord aux *Échos* en 2003 puis à partir de 2005 au *Figaro*, avec le lancement de nouvelles formules en cahiers thématiques distincts, qui avaient fait merveille aux États-Unis et en Grande-Bretagne. Pour *Les Échos*, l'idée est de séparer la macroéconomie (premier cahier) de la microéconomie (deuxième cahier). Avec ces deux cahiers, le quotidien dispose de deux unes. Un avantage éditorial et... publicitaire. *Le Figaro* est, pour sa part, passé à trois cahiers minimum : l'actualité générale, *Le Figaro* Économie et *Le Figaro et vous*, souvent complétés d'un quatrième cahier Santé le lundi, *Figaroscope* le mercredi ou Littéraire le jeudi. *Le Monde* lancera un peu plus tard (en avril 2013), un cahier Économie quotidien qu'il abandonnera en février 2019 pour revenir à un cahier unique. C'est aussi au début des années 2000 que les journaux séparent nettement le fait du commentaire, adoptent une maquette plus soignée, développent l'infographie et les encadrés pour faciliter le confort de lecture. On ne jure que par les articles courts, les sous-titres informatifs et la multiplication des « entrées » sur un même sujet. Sous les directions de Noël Couëdel puis de Christian de Villeneuve (de 1990 à 2007), *Le Parisien* est alors la référence absolue. On cite aussi en exemple le magazine *Capital* et la scénarisation très travaillée de ses articles, qui permet de conjuguer plaisir, crédibilité et rapidité. La concurrence des journaux gratuits est passée par là, avec sa mise en pages rythmée et variée pour une lecture dans les transports en commun. Tout cela vole en éclats à partir de 2006-2007, dans le sillage du *Monde*. Place aux textes longs, aux reportages fournis, aux portraits très écrits, aux analyses fouillées et complexes. Et tant pis si les journaux sont moins accessibles. C'est un virage à 360° que va opérer en 2013 Nicolas Beytout avec *L'Opinion*, un quotidien de huit pages denses, conçues pour être un approfondissement de l'actualité.

Dans ces années-là, sur la lancée du *Monde*, *Le Figaro*, dirigé par Étienne Mougeotte, prépare une nouvelle formule conçue à partir du même constat : « La vocation d'un quotidien, explique-t-il alors, n'est pas, n'est plus, de faire découvrir l'actualité, mais de sélectionner et de décrypter. » Avec cette orientation qui donne la priorité au décryptage de l'actualité, à la valeur ajoutée, les quotidiens ont fini par prendre peu à peu la place des hebdomadaires. Ces derniers se font voler leur fonds de commerce. Ils s'étaient fait comme spécialité de proposer des « cover stories » avec de solides enquêtes au long cours. Ce sont les quotidiens qui vont s'en charger avec une réactivité plus forte et des délais de fabrication de quelques heures là où un hebdo doit boucler deux jours pleins avant d'être en kiosque. « Lorsque vous, les quotidiens, vous vous êtes lancés dans cette nouvelle stratégie, raconte un ancien responsable de *L'Express*, je pensais que vous alliez vous planter. C'est comme si vous fabriquiez un hebdo par jour. Ça nous semblait impossible. » C'est pourtant ce qui a été fait.

Et comme si ça ne suffisait pas, les magazines d'actualité vont voir disparaître progressivement leurs vaches à lait : les sujets récurrents (les « marronniers ») comme « le salaire des cadres », « les prix de l'immobilier », qui subissent là encore la redoutable concurrence du numérique avec ses moteurs de recherche et des contenus plus exhaustifs. Même les rubriques confidentielles, jadis inventées par *Le Point* à sa création en 1972, ont dû en rabattre face à la rapidité et à la viralité du Net. Impossible de garder un scoop plusieurs jours le temps que le magazine soit imprimé, comme on le faisait au bon vieux temps. Le temps médiatique s'est accéléré sous le double effet d'Internet et des chaînes d'info.

Le « Canard » qui dit non

Un seul et unique hebdo a résisté aux sirènes du numérique tout en voyant ses ventes se maintenir à un bon niveau : *Le Canard enchaîné*. Son rédacteur en chef, Érik Emptaz, a expliqué pourquoi il refusait « de barboter sur le Net[1] » : « On a une maquette un peu particulière, qui a soixante-dix ans. Dans un kiosque, sur cent titres, on la remarque tout de suite à cause de ça. On aimerait la garder. On appelle ça "l'obsolescence nécessaire". » Le site du *Canard* s'est donc longtemps réduit à sa plus simple expression. Il proposait les unes de la semaine et des semaines précédentes. Un point c'est tout. Un pied de nez à son concurrent Mediapart qui, lui, a fait le choix du 100 % digital dès sa création. Le *Canard* est allé un peu plus loin, en proposant une version PDF payante, comme les premiers sites internet de 1996. Mais il n'est disponible que depuis l'étranger. Le public français est invité à continuer à acheter le journal papier. Le *Canard* s'en porte plutôt bien. Ses ventes dépendent plus que tout autre de l'actualité et des affaires que les journalistes révèlent. 2017 a par exemple été portée

1. Europe 1, 22 novembre 2017.

par l'affaire Penelope Fillon, un scoop à épisodes. Les ventes moyennes approchent cette année-là les 400 000 exemplaires par semaine. Les bénéfices sont au rendez-vous : autour de 2 millions qui vont rejoindre les économies du journal. Son magot, constitué depuis sa création en 1915, lui permet de garantir son indépendance et même de vivre pendant, dit-on, quatre ou cinq ans, sans la moindre recette ! Les journalistes sont parmi les mieux payés de la place…

Un groupe de quotidiens continue à résister à la tentation du digital : PlayBac Presse ne propose aucune version numérique ni du *Petit Quotidien* pour les 7-10 ans, ni de *Mon quotidien* destiné aux 10-13 ans, ni de *L'Actu* (14-17 ans). Il s'agit là d'une stratégie mûrement réfléchie par François Dufour, son fondateur et rédacteur en chef. Les parents et les grands-parents abonnent leurs enfants ou leurs petits-enfants pour les inciter à lire et à délaisser les écrans. C'est le ressort essentiel du succès de ces journaux, exclusivement distribués par abonnement : en tout, plus de 100 000 exemplaires. Leur ligne éditoriale n'est pas d'expliquer l'actualité des parents aux enfants, mais plutôt de traiter l'actualité qui intéresse les enfants et qui n'est évidemment pas la même des quotidiens pour adultes. Les sujets favoris de ces quotidiens tournent autour de la nature, de la défense de la planète et des grandes causes humanitaires. On n'y trouve quasiment pas de sujets politiques. Un cocktail original qui explique son succès depuis sa création en 1995.

Le recul d'Hachette et de Springer

Quand on analyse les habitudes de lecture des Français, on est frappé par leur intérêt pour les magazines, ce qui les distingue notamment des Allemands ou des Anglais qui, eux, plébiscitent les quotidiens. La raison est assez simple : devant la difficulté de créer de nouveaux quotidiens avec le monopole du Syndicat du livre, les éditeurs français ont préféré lancer des mensuels ou des hebdos où les contraintes sociales sont moins fortes. Deux géants européens de la presse ont ainsi reculé devant l'obstacle, alors qu'ils avaient l'un et l'autre peaufiné un quotidien, avec l'ambition de révolutionner, chacun à sa manière, le marché français. Le premier est le groupe Hachette, qui cherche à reprendre l'offensive en 1987, après son échec cuisant sur TF1. Francis Bouygues est sorti finalement grand vainqueur de la privatisation de la première chaîne, alors que la partie semblait gagnée pour Jean-Luc Lagardère. Ce dernier ne s'en remet pas. Faute d'une diversification stratégique dans la télévision, le groupe se résout à creuser son sillon dans la presse papier avec un projet très emblématique qui doit ringardiser la presse parisienne et régionale : un grand quotidien national, tout en couleurs, en plusieurs cahiers (déjà !), sur le modèle de *USA Today*. L'idée est de faire un journal populaire, didactique, vivant, grâce au recours à la photo et à l'infographie. Une révolution ! À l'époque, la plupart des quotidiens sont en noir et blanc et plutôt austères. La mise en scène de l'actualité reste balbutiante. Le projet, dont le nom de code interne est

Omega, fera l'objet de multiples tests. Le nom du titre sera *Numéro Un*, comme un clin d'œil à Europe 1, un autre bel actif du groupe qui a toujours porté bonheur à Jean-Luc Lagardère (la station était la première radio de France en 1981). Un premier numéro à blanc va voir le jour avec une une consacrée à la mort de Jacques Anquetil. Mais, tout bien pesé, Hachette jette l'éponge. Trop d'obstacles, trop de risques. Le groupe préfère préparer sa revanche dans le secteur de la télévision… Ce sera le rachat de la Cinq à Robert Hersant trois ans plus tard. Une catastrophe industrielle qui fera trembler le groupe Hachette sur ses bases.

L'autre grand acteur européen qui a préféré s'abstenir de créer un nouveau quotidien en France est le groupe allemand Axel Springer. En 2006, il projette de lancer une édition française du *Bild-Zeitung*, l'un des deux tabloïds les plus puissants d'Europe avec le britannique *The Sun*. Le titre retenu est *L'Œil du jour*. Une équipe de direction est constituée autour de Rémy Dessarts, ex-rédacteur en chef et éditeur du magazine *Capital*, et de Didier Pourquery, ex-directeur de la rédaction du quotidien gratuit *Métro*. Ces deux-là commencent à embaucher des journalistes chevronnés pour sortir ce quotidien, dont la ligne se veut mordante, avec des enquêtes plutôt transgressives et antisystèmes. L'objectif est de vendre au moins 500 000 exemplaires par jour. Une diffusion exceptionnelle pour la France, mais assez banale pour des Allemands. Le *Bild* tire à plus de 3,5 millions d'exemplaires. La menace est suffisamment sérieuse pour que *Le Parisien* lance une réflexion sur une riposte avec un quotidien du même type que le groupe Amaury pourrait lancer. Le risque est évidemment qu'il fasse de l'ombre au *Parisien* lui-même. Mais impossible de laisser le champ libre au groupe Springer, dont l'efficacité est bien connue. La presse régionale s'inquiète également, car des éditions locales de *Bild* sont aussi à l'étude. La décision de lancer tarde. Les Allemands hésitent. Ne faudrait-il pas plutôt donner la priorité au numérique ? Finalement, Friede Springer, la veuve d'Axel Springer qui assure désormais la présidence du groupe, débarque à Paris pendant l'été 2006, en plein conflit social des kiosquiers. Est-ce un prétexte tout trouvé pour arrêter les frais ? Le secret du succès de *Bild* en Allemagne est la densité de son réseau de distribution. Un kiosque tous les 500 mètres. C'est bien le talon d'Achille du système français. Ce mouvement social met en évidence les risques de l'opération. Décision est prise de renoncer. L'équipe est dissoute. Certains journalistes, embauchés quelques jours seulement avant le verdict, toucheront un an de salaire en dédommagement. Finalement, les Allemands investiront massivement dans le digital en rachetant trois pépites qu'ils sauront développer : seloger.com qui domine déjà le marché des petites annonces immobilières, aufeminin.com, le premier grand site féminin, et Marmiton. Le *Bild* français ne verra donc pas le jour. Le terrain de la presse quotidienne en France reste trop miné. Même un géant comme Axel Springer juge plus raisonnable de rester à l'écart. Il ne fera pas mentir l'idée qu'un lancement de quotidien est mission impossible en France. En revanche, pour les magazines, le ticket d'entrée est plus raisonnable. Ce qui explique la vague ininterrompue de tentatives de création jusqu'à aujourd'hui.

Des magazines à foison

Les hebdos ont en effet le vent en poupe. Il y a d'abord *L'Observateur politique*, né en 1950, qui deviendra successivement *L'Observateur d'aujourd'hui* (1953), *France Observateur* (1954), *Le Nouvel Observateur* (1964) puis *L'Obs* (2014). *L'Express*, qui lui n'a pas changé de nom, a connu plusieurs vies avec des directeurs emblématiques : de Jean-Jacques Servan-Schreiber et Françoise Giroud à Jean-François Revel, de Christine Ockrent à Christophe Barbier. *Le Point*, lui, voit le jour en 1972 avec une équipe venue de *L'Express* et menée par Olivier Chevrillon, Claude Imbert et Jacques Duquesne. Ils quittent le navire en 1971, car ils n'acceptent pas de voir leur directeur, JJSS, entrer en politique au parti radical valoisien. L'aventure du *Point* reçoit le soutien du groupe Hachette. Les modèles sont *Time* ou *Newsweek*. C'est un journal de droite modéré, devenu avec le temps une référence, sous la direction de Claude Imbert, Franz-Olivier Giesbert puis Étienne Gernelle. Beaucoup plus radical, *Magazine Hebdo*, lancé en 1983 par Alain Lefebvre. Dans son premier éditorial, il définit sa ligne « À droite. Tranquillement », par opposition à « la force tranquille », slogan de la campagne présidentielle de François Mitterrand de 1981. Le projet est bien de se poser comme un journal d'opposition frontale à la politique socialiste. La surenchère est lancée sur ce créneau avec *Le Figaro Magazine* de Louis Pauwels, lancé en 1978. C'est lui qui remporte la partie. *Magazine Hebdo* s'arrête au bout de deux ans. Il n'est pas de taille face au groupe Hersant. Sur une ligne plus centriste, Jean-François Kahn débarque en 1984 avec *L'Événement du jeudi*, qui succède aux *Nouvelles littéraires*. « L'événement, écrit-il crânement dans le premier numéro, cela doit avoir de la gueule. » Quelques années plus tard, en 1997, le même Jean-François Kahn et Maurice Szafran créeront le magazine *Marianne*, dont l'ambition sera de promouvoir « le centrisme révolutionnaire » contre la pensée unique. Ils devront beaucoup à Nicolas Sarkozy, qui devient rapidement leur tête de Turc. À gauche, *Les Inrockuptibles* ne se cantonneront pas longtemps à la musique, et deviendront un magazine culturel et politique à part entière. *Les Inrocks* seront rachetés par Matthieu Pigasse en 2011. Éric Fottorino quittera *Le Monde* pour se lancer en 2014 dans un projet ambitieux et original : *Le 1*, un hebdo qui se présente sous la forme d'une grande feuille blanche pliée et ne traitant qu'un seul sujet par numéro. Plus récemment, l'éditeur inspiré du trimestriel *XXI* et de *6 mois*, fort de ses succès, tente l'aventure en proposant l'*Ebdo* sans « H » début 2018. Il cesse rapidement de paraître après la publication d'une enquête bâclée sur Nicolas Hulot. Tout le monde sent bien que cette fermeture sonne le glas de ce secteur jadis foisonnant qui va devoir se réinventer. Une piste intéressante est d'adopter des lignes éditoriales plus tranchées, plus mordantes, moins consensuelles, moins « mainstream ». *Valeurs actuelles*, sur une promesse très à droite, s'y est essayé avec un certain succès. Son opposition sans concession à François Hollande puis à Emmanuel Macron a fait mouche. Alain Weill, qui a racheté *L'Express* à Patrick Drahi début 2019, le repositionne sur une ligne ouvertement libérale et ardemment réformatrice, à l'américaine. L'idée est de s'inspirer de *The Economist*, référence internationale, et de s'inscrire dans une filiation avec *L'Express* des origines, lorsqu'il avait été lancé par Jean-Jacques Servan-Schreiber et Françoise Giroud. Ces innovations éditoriales sont autant de paris. Il y a urgence à innover. Le marché des hebdomadaires d'actualité subit les mêmes affres que les magazines plus spécialisés, qui souffrent, eux, depuis longtemps. Là aussi, le digital est en train de tout bouleverser.

Depuis les années 2010, les grands groupes de magazines organisent, les uns après les autres, leur retrait en bon ordre. Ils n'y croient plus vraiment ! Arnaud Lagardère a méthodiquement démantelé l'empire constitué patiemment par son père Jean-Luc à partir de 1980. Son verdict est péremptoire. « La presse écrite va mourir », annonce-t-il déjà à ses visiteurs. Dès 2011, il se sépare d'une centaine de magazines édités dans quinze pays. Il les cède au groupe américain Hearst, l'éditeur de *Cosmopolitan* et de *Harper's Bazaar*. Dans la corbeille, il vend ainsi une grande partie des quarante-deux éditions internationales du magazine *Elle*, un monument de la presse fondé en 1945 par Hélène Lazareff et Françoise Giroud. L'édition française de *Elle* sera vendue plus tard en 2018 au Tchèque Daniel Kretinsky, ainsi que d'autres titres du groupe comme *Version Femina*, *Télé 7 jours*, *Ici Paris*, *France Dimanche*, *Public* ou *Art & Décoration*.

La stratégie de désengagement est la même pour le groupe Berlusconi. Avec sa filiale Mondadori, il est le troisième groupe de magazines en France avec des titres comme *Grazia*, *Closer*, *Sciences et Vie* ou *Téléstar*. « On a perdu 30 % de notre chiffre d'affaires en cinq ans », déclare un responsable du groupe, et tout indique que le mouvement va continuer. Mondadori s'est mis en chasse d'un acquéreur en France. Sept groupes de presse contactés. Sept refus. Finalement, les titres de Mondadori vont rejoindre Reworld, un éditeur d'un genre nouveau. Il reprend les magazines, les digitalise et les transforme. Son modèle est bâti sur trois piliers : la publicité, le publi-rédactionnel et le e-commerce. Reworld a déjà racheté à Axel Springer des titres comme *Marie France* et *Télé Magazine*, à Lagardère, *Auto-Moto*, *Maison & Travaux* et *Be Magazine*. Les contenus sont désormais réalisés par des rédacteurs pour la plupart non journalistes, avec une optique ouvertement commerciale. Ça n'est plus de la presse traditionnelle. On est dans l'univers de la communication et de la publicité. Pas dans celui de l'information. L'indépendance rédactionnelle n'est plus un idéal, mais un vieux souvenir.

La folie Marmiton

Cette crise aiguë de la presse magazine spécialisée est la conséquence mécanique de la montée en puissance des sites web spécialisés. Leurs audiences atteignent logiquement des sommets. C'est le cas de Marmiton, avec ses 13 millions de visiteurs uniques par mois[2]. Sur ce terrain, le digital est imbattable avec ses

2. Médiamétrie, Internet global, février 2018.

vidéos, une base gigantesque de 66 000 recettes et des forums qui permettent à chacun d'échanger ses bonnes recettes et ses tours de main. Le papier est ici battu à plates coutures. Il faut dire que l'une des recherches les plus fréquentes sur Google est « gâteau au chocolat ». Marmiton fera néanmoins un pied de nez à la presse traditionnelle en lançant, pour ses dix ans, une version magazine qui est devenue trimestrielle ! La boucle est bouclée. Lancé en 2000, racheté comme on l'a vu par le groupe Axel Springer en 2007, Marmiton finit dans l'escarcelle du groupe TF1 en 2018 avec aufeminin.com (près de 9 millions de visiteurs uniques), un site qui a en plus l'avantage de s'être développé dans le e-commerce. Il revendique par exemple 200 000 abonnées à des box beauté, notamment sous la marque My Little Paris. Grâce à cette acquisition de aufeminin.com, Gilles Pélisson, le P-DG de TF1, a fait de son groupe un acteur important du digital avec des marques puissantes (Doctissimo) qui toucheraient plus de 100 millions d'internautes en France et en Europe sur des thématiques jusque-là occupées par la presse magazine.

Les programmes télé profitent aussi à plein du passage au numérique. La profusion de chaînes rend les journaux papier épais et pas toujours complets, précis et à jour. *Télé Loisirs*, qui appartient au groupe Prisma, a lancé en parallèle de son magazine un site qui revendique plus de 14 millions de visiteurs uniques par mois. La presse auto elle aussi est passée avec armes et bagages sur le Web, qui permet d'offrir des essais en vidéo, des fiches pratiques sur tous les modèles, des petites annonces et des cotes complètes. Caradisiac truste la première place (5,2 millions de visiteurs) devant lacentrale.fr (3,8 millions).

Tous les types de presse sont touchés. La presse de charme a été doublée d'abord par Internet et plus tard par la vidéo. Les journaux people comme *Closer* ou *Public* voient arriver sur leurs plates-bandes des « pure players » (entreprises exerçant uniquement sur Internet, sans support papier), tels PureMédias ou jeanmarcmorandini.com, qui mêlent textes, photos et vidéos en temps réel. La presse santé doit affronter la concurrence de sites comme Doctissimo. Mais il n'y a pas que ces « pure players » qui s'intéressent à ces thématiques, très prisées des internautes. Les grands portails comme *Le Monde* et *Le Figaro* multiplient les rubriques (baptisées « verticales »), que ce soit sur le jardinage, la télévision, la santé, l'automobile, la tech, les voyages, la Bourse, la météo ou les placements. Elles assurent la moitié de leur audience. Elles permettent de compenser les jours où l'actualité chaude est faible : le week-end, les périodes de vacances, etc. Les contenus magazines deviennent aussi indispensables que les articles plus sérieux. C'est ainsi que même au *New York Times*, quand on interroge les abonnés digitaux sur ce qui a déclenché leur volonté de souscrire une adhésion, les recettes de cuisine et les grilles de sudoku sur tablette arrivent souvent en tête !

Une crise paradoxale

Si le numérique représente bien une menace de première grandeur pour la presse papier, il peut se révéler une chance pour ceux qui savent prendre le virage. Pour les marques les plus fortes, notamment celles des quotidiens, c'est une opportunité de se réinventer et de se renforcer encore. Leur image les sert. Elles sont perçues comme des repères de sérieux et de crédibilité. Les « pure players » sont rarissimes... Il est frappant de constater que sur les dix premiers sites d'information, on en compte six issus de cet ancien monde du « print[3] ». Celui qui se place en tête est *Le Figaro* suivi de France Info, *Le Parisien*, *Le Monde* et BFMTV. Viennent ensuite *20 minutes*, *Ouest-France*, L'Internaute, MyTF1 et *L'Express*. Et grâce au numérique, l'audience de ces supports est très largement supérieure à ce qu'elle était à la grande époque où la presse écrite régnait en maître.

C'est le grand paradoxe. Si les ventes papier n'ont jamais été aussi basses, les quotidiens n'ont en revanche jamais bénéficié d'une audience numérique aussi importante. C'est le cas par exemple du *Figaro*, qui revendique aujourd'hui de 22 à 24 millions de lecteurs chaque mois, entre le quotidien, ses suppléments magazines, son site, ses « applis » sur smartphone ou tablette. D'après les chiffres de l'OJD (statistiques de vente de la profession), c'est incontestablement la première marque média, qui touche un adulte sur deux. C'est six fois plus qu'il y a dix ans ! Dans le détail, la diffusion payée en France du quotidien ne dépasse pas les 308 000 exemplaires en 2017 et baisse régulièrement. Mais avec ses 24 millions, l'audience globale du *Figaro* est quatre-vingts fois supérieure au niveau de

3. Étude One Global OJD, 2018.

ses ventes papier[1] ! Jamais le titre n'avait touché autant de monde depuis sa création sous Charles X en 1826. Ni à ses débuts lorsqu'il était un hebdomadaire satirique, ni à la Belle Époque, l'âge d'or de la presse en France, ni lors de l'affaire Dreyfus, ni à la Libération, ni lorsqu'il appartenait à Robert Hersant. On estime le lectorat d'un quotidien à quatre fois son nombre d'exemplaires papier vendus. Dans les années 1980, aux plus belles heures du *Figaro Magazine* vendu avec le quotidien, *Madame Figaro* et le *TV Magazine*, jamais *Le Figaro* n'a ainsi dépassé les 3 millions de lecteurs ! Le numérique permet donc d'élargir le nombre des lecteurs d'un quotidien dans des proportions inimaginables il y a encore quelques années.

Les chiffres du *Monde* sont analogues, avec une audience mensuelle de la marque de plus de 22 millions malgré des ventes au numéro qui ne dépassent pas les 285 000. Avec les abonnements numériques, la baisse est contenue. Il y a dix ans, la diffusion payée dans l'Hexagone était à 317 000. *L'Équipe* totalise lui aussi des résultats impressionnants. Dopée notamment par la Coupe du monde de football, l'audience globale de la marque (quotidien + magazine + digital + chaîne TNT) dépasse les 38 millions par mois fin 2018. Rien que sur le numérique, les autres quotidiens nationaux enregistrent eux aussi des chiffres exceptionnels : près de 17 millions de visiteurs uniques pour *Le Parisien*, autour de 16 millions pour *20 minutes* et 15 millions pour *Ouest-France*. De sorte qu'aujourd'hui, la presse quotidienne nationale informe deux fois plus

1. *Idem.*

de Français qu'il y a dix ans[2]. Et, signe encourageant, le numérique permet aux titres les plus anciens comme *Le Monde*, *Le Parisien* ou *Le Figaro* de toucher un public « jeune » : 70 % des 15-35 ans sont lecteurs de titres de la presse quotidienne nationale. Il faut dire que le secteur a investi massivement[3]. Entre le Web, les tablettes et les smartphones, les grands titres de la presse écrite investissent entre 25 et 30 millions par an. La clé pour les uns et les autres réside dans leur capacité à monétiser ce lectorat en faisant payer l'utilisateur, qui aujourd'hui a un accès trop souvent gratuit à ces médias.

Pendant cette période de tous les dangers, la presse écrite a bien fait mentir ses détracteurs. Dans l'adversité la plus grande, les quotidiens ont fait la preuve d'une belle détermination. Mais la bataille ne fait que commencer.

2. Médiamétrie, août 2018.
3. Étude SPQN (Syndicat de la presse quotidienne nationale), juillet 2018.

Chapitre III

LES IMPRIMERIES REVIENNENT DE LOIN

Lorsque l'on parle de la crise de la presse, la comparaison avec la sidérurgie arrive assez vite. Aux États-Unis, on fait même remarquer que depuis quinze ans, on a compté davantage de suppressions d'emplois dans les journaux que dans le secteur du charbon. Tout simplement parce que la production de quotidiens et de magazines relève autant de la création intellectuelle que de l'industrie lourde. Pour imprimer, il faut des usines qui coûtent cher et qui emploient un personnel très nombreux, et aussi une logistique précise pour distribuer partout en France à l'aube des exemplaires imprimés entre 20 heures et 1 heure du matin.

Il faut s'imaginer ce que signifie écrire, composer, imprimer et distribuer un journal tous les jours. En nombre de caractères, un quotidien équivaut à un bon livre de 150 à 200 pages qu'il faut rédiger en une journée. Il y a bien quelques pages moins chaudes comme les programmes TV, les rubriques Mode ou Tourisme. Mais l'essentiel se fabrique en quelques heures. Une fois rédigés, relus deux ou trois fois par plusieurs niveaux hiérarchiques et des correcteurs spécialisés, il faut passer à la mise en pages et envoyer le tout à l'imprimerie. Après la guerre, à l'époque où l'audiovisuel n'en était qu'à ses débuts, les grands quotidiens parisiens « bouclaient » le plus tard possible, autour de minuit, pour proposer le lendemain le journal le plus chaud. (C'est encore le cas pour les titres qui publient les résultats sportifs comme *L'Équipe*, *Le Parisien* ou *Aujourd'hui en France*.) Il fallait ensuite imprimer puis empaqueter les dizaines de milliers d'exemplaires, les charger dans des trains : une partie était destinée aux marchands de journaux ; l'autre était prise en charge par la Poste, qui préparait les tournées à bord des trains, en apposant, pendant le voyage, les bandes avec les adresses des abonnés.

Une imprimerie sur les Champs-Élysées

Longtemps, chaque quotidien a été propriétaire de ses rotatives : *Le Monde* dans les sous-sols de la rue des Italiens à Paris puis, plus tard, à Ivry. *France-Soir* rue Réaumur, *Le Figaro* dans l'immeuble historique, au rond-point des Champs-Élysées, qui se trouve être en face des hôtels particuliers du groupe Dassault, aujourd'hui propriétaire du groupe. *Le Parisien-Aujourd'hui en France* et *L'Équipe* ont, des années durant, été imprimés rue d'Enghien, puis à Saint-Ouen, par les rotatives du groupe Amaury lorsqu'ils en faisaient partie l'un et l'autre. Une spécificité de la presse quotidienne. Les grands groupes de magazines n'ont jamais possédé leur imprimerie en propre.

Au début des années 1970, l'apparition du fac-similé, une technique qui permet une transmission des pages à distance, a eu pour conséquence d'alléger un peu le dispositif. Les pages de certains journaux étaient envoyées à des imprimeries décentralisées. De là, à partir de 3 ou 4 heures du matin, des centaines de camionnettes ou de voitures prenaient la route pour livrer les 40 000 points de vente répartis sur tout le territoire, de sorte que chacun ait son journal à partir de 7 heures du matin. On assiste alors à un début de mutualisation des imprimeries. C'est ainsi que la plupart des quotidiens parisiens de l'époque, comme *Le Quotidien de Paris*, *L'Humanité*, *Le Matin de Paris*, *Les Échos* ou *La Tribune de l'Économie*, étaient imprimés sur les mêmes rotatives qui imprimaient les grands journaux régionaux comme *La Voix du Nord*, *Sud-Ouest*, *Le Provençal* ou *La Dépêche du Midi*.

L'heure du « bouclage »

Deux quotidiens vont résister à cette tendance décentralisatrice... Au milieu des années 1980, *Le Figaro* va installer directement ses rotatives sur les pistes de l'aéroport de Roissy, au pied des avions d'Air Inter qui embarqueront directement les exemplaires, pour les acheminer dans les grandes villes de province. Imaginée par Philippe Villin, vice-P-DG du *Figaro*, cette solution avait une double ambition : tenter de réduire l'influence des syndicats et contrôler de bout en bout la fabrication du journal. Dans la pratique, cette innovation – ingénieuse sur le papier – s'est révélée assez désastreuse. Elle a eu l'effet inverse recherché. D'abord, elle a renforcé le poids de la CGT, qui était chez elle à Roissy. Le Syndicat du livre pouvait empêcher encore plus facilement l'impression totale du journal. Il n'y avait qu'un seul site à bloquer. Ensuite, cette solution s'est avérée ruineuse : 400 voitures ou camions arrivaient tous les soirs à Roissy, pour prendre en charge un ou plusieurs paquets de journaux. Les premiers véhicules prenaient tout de suite la route pour la Belgique, Nantes, Rennes, Rouen et Le Havre. Trois avions décollaient pour Lyon, Marseille et Toulouse. *Le Figaro* payait 19 millions d'euros par an à Air Inter pour le transport de ces exemplaires. Une somme à comparer aux 27 millions d'investissements pour l'imprimerie flambant neuve de Gallargues construite en 2007 près de Nîmes.

Enfin, cette imprimerie géante au pied des pistes s'est révélée une catastrophe éditoriale, car, à cause d'elle, *Le Figaro* est passé à côté de tous les grands sujets d'actualité, lorsqu'ils se produisaient le soir. Il fallait en effet « boucler » la première édition du journal très tôt, autour de 20 heures ou 20 h 30, pour que les premiers avions puissent partir vers 23 heures avec les journaux imprimés. Et impossible de faire une exception, même lorsque l'actualité l'exige. Par exemple, le lundi 13 juillet 1998, la première édition du *Figaro* part sans une ligne sur le résultat du match France-Brésil, puisque le coup d'envoi n'a pas encore eu lieu au moment de la mise sous presse. Les lecteurs les plus éloignés reçoivent un journal qui fait une impasse complète sur la victoire des Bleus qui a fait chavirer la France depuis la veille au soir ! Seuls les Franciliens liront un quotidien à jour avec une dernière édition totalement différente de la première, rédigée dans la soirée et imprimée dans la foulée.

Pour les élections, il existait une petite marge de manœuvre. Le premier bouclage pouvait être retardé à 20 h 30, voire 20 h 40. De précieuses minutes qui, néanmoins, ne suffisent pas pour écrire un journal complet avec les résultats d'une présidentielle ou le rapport de force à l'Assemblée à l'issue des législatives. Certes, une première tendance est disponible à partir de 19 heures, ce qui permet de commencer à travailler et à peaufiner la une. Les instituts de sondage donnent en général le résultat autour de 20 heures, mais la presse écrite n'a pas la souplesse de la télévision et surtout de la radio. Impossible de tout écrire en quarante minutes. Il faut donc anticiper. Voilà pourquoi, les week-ends de présidentielles ou de législatives, la rédaction du *Figaro* venait travailler le samedi, veille du scrutin, pour préparer plusieurs versions du journal, susceptibles d'être envoyées au dernier moment, suivant le résultat qui sortirait des urnes. Aucune impasse n'était possible, aucune surprise raisonnable ne pouvait être écartée. C'est ainsi qu'en 2007 un numéro complet sur la victoire de Nicolas Sarkozy avait bien été préparé. Pour la première édition, il n'y avait plus qu'à compléter ici et là avec des éléments factuels. La dernière édition après minuit était, elle, profondément remaniée pour les lecteurs de l'Île-de-France.

Ségolène présidente ?

Mais, en 2007, il y a aussi eu un numéro complet annonçant l'élection de Ségolène Royal. On ne sait jamais. On pouvait y lire un portrait circonstancié de la première présidente de la République, le récit de sa campagne victorieuse, le portrait de ceux qu'elle nommerait au gouvernement, une analyse sur les conséquences de la défaite de Nicolas Sarkozy, etc. Un exercice de style dont la rédaction du *Figaro* avait l'habitude. Patron des pages politiques pendant près de vingt ans comme rédacteur en chef puis comme directeur délégué des rédactions, Paul-Henri du Limbert fut, pour toute cette période, le grand organisateur de ces journaux fantômes. Il n'avait pas son pareil pour commander à chaque journaliste deux articles différents qui envisageaient les deux scénarios diamétralement opposés : « En 2007, la droite pavoise avec son nouveau jeune président » (hypothèse : victoire de Sarkozy), mais aussi « La droite en berne après une déroute historique » (hypothèse : victoire de Royal) ; « La gauche exulte douze ans après la fin du mandat de François Mitterrand » (Royal), mais aussi « La gauche confirme qu'elle est incapable de conserver le pouvoir plus de cinq ans » (Sarkozy). La grande difficulté était d'écrire un texte sans connaître l'issue du scrutin pour des lecteurs qui, eux, auront connaissance du résultat lorsqu'ils liront l'article. Du grand art !

Pas toujours facile de motiver une rédaction pour rédiger des articles solides sur les hypothèses les moins probables : l'élection de Jean-Marie Le Pen en 2002 ou de sa fille Marine en 2017. Les sondages ne leur donnaient aucune chance… L'objectif est évidemment que, quel que soit le résultat, le lecteur ne se doute pas une seconde du numéro d'équilibrisme qui s'est joué, au moment du bouclage de leur quotidien. Les journalistes du *Figaro* envient leurs confrères et concurrents qui n'ont pas les mêmes contraintes. *Libération* boucle après 23 heures, *Le Parisien* entre minuit et une heure du matin. Mais c'est au *Monde* que la situation est le moins inconfortable. En sortant le lendemain à la mi-journée, la rédaction a le temps de la réflexion pour faire un journal plus abouti. Jadis, avant le numérique, il était accompagné d'un cahier de résultats complets, qui assurait au *Monde* un tirage exceptionnel. Un document de référence que tout journaliste et tout citoyen mordu de politique conservaient précieusement.

Le volontarisme de Sarkozy

La poursuite de la baisse des ventes, victimes de l'explosion du numérique, a contraint la profession à des révisions déchirantes. Impossible de tergiverser. Il faut trancher dans le vif. Ce qui signifie fermer des imprimeries existantes, réduire fortement les effectifs et réinvestir dans un appareil de production plus moderne et plus compétitif. Il en va du compte d'exploitation des éditeurs, qui doivent par tous les moyens réduire leurs pertes. Il devient déraisonnable de dépenser autant d'argent pour entretenir un tel outil industriel, alors que l'irruption du numérique vient rappeler à chacun que le premier métier d'un groupe de presse est de produire des contenus, pas de gérer des imprimeries, et que le numérique peut permettre de faire de considérables économies… Des convergences commencent à apparaître entre les différents titres, qui rendront plus faciles les projets de mutualisation à venir. Jusque dans les années 2000, *Le Monde* est le seul à adopter un format intermédiaire, dit « format berlinois ». *Les Échos* l'adopteront à leur tour en 2003. À partir de 2005, *Le Figaro* s'y rallie progressivement et adopte du même coup la couleur pour la totalité du journal.

C'est Nicolas Sarkozy qui va lancer le mouvement de modernisation des imprimeries. On le sait très sensible à tout ce qui touche à la presse, aux médias et à la télévision. Sitôt élu en 2007, il en fait un dossier prioritaire. Il lance des États généraux de la presse écrite (EGPE), un grand rassemblement de réflexion et de prospective, sur le modèle du Grenelle de l'Environnement, qui avait connu un grand succès : 150 professionnels vont se réunir à l'automne 2008. Il en sortira un livre vert, riche de 90 recommandations. Deux sujets apparaissent aussi délicats qu'urgents à régler : le système de distribution de la presse qui n'en finit pas de s'enfoncer dans la crise, notamment aux NMPP (Nouvelles messageries de la presse parisienne), chargées de la distribution et de la diffusion de la presse écrite. Ce premier dossier attendra. Le second concerne la restructuration des imprimeries qui appartiennent encore aux grands quotidiens. Là, les choses vont aller très vite.

Les technocrates petits pois-parfum

Le sujet va être réglé par trois personnes en deux mois de discussions éclairs. Autour de la table, Raymond Soubie, le conseiller social de Nicolas Sarkozy, dont le poids politique sera décisif, Francis Morel, l'auteur de ces lignes, à l'époque directeur général du *Figaro* et président du Syndicat de la presse parisienne, et Gérard Letréguilly, le nouveau patron du Syndicat du livre CGT qui « tient » les imprimeries depuis la Libération. Il s'agit ni plus ni moins de revenir sur des « avantages acquis » anciens, obtenus de haute lutte par un mouvement souvent présenté comme l'aristocratie du syndicalisme, tout simplement parce que les ouvriers du Livre ont été les premiers historiquement à savoir lire. Ils se chargeaient de composer et de corriger les articles des journalistes. La négociation s'annonce ardue. Il va falloir dépasser les antagonismes d'hier. Dans la période récente, les relations entre la CGT et les éditeurs ont été rudes et même parfois violentes. La « lutte des classes » y est présente, ici plus qu'ailleurs, et depuis des décennies. C'est une constante des relations sociales dans tout le secteur.

En 1974 par exemple, Francis Morel débarque chez *France-Soir* après un début de carrière dans les conserveries Daucy. Il rejoint Bruno Rohmer qui prend en main la gestion du magazine *Elle*, après un passage chez L'Oréal. Assez vite, un tract circule pour s'opposer aux mesures d'économie envisagées par les deux nouveaux venus : « Non aux technos petits pois-parfum qui veulent mettre en danger la démocratie. » Derrière l'humour, le ton est bien à la confrontation. Tous les coups sont permis.

On va le voir en « grandeur nature », avec le conflit du *Parisien libéré* qui atteint des sommets. Il durera vingt-huit mois. Tout commence le 4 mars 1975 lorsque Émilien Amaury décide de cesser d'utiliser son imprimerie de la rue d'Enghien à Paris, dont les rotatives datent de la fin de la guerre de 1914. Officiellement pour supprimer le grand format qui coûte trop cher et le remplacer exclusivement par le petit format qui existe déjà. Les deux tirages sont équivalents : autour de 400 000 exemplaires. Émilien Amaury veut ainsi supprimer 300 des 600 emplois de l'imprimerie et en finir une fois pour toutes avec le Syndicat du livre CGT, en faisant imprimer son journal en province. Ce conflit, par sa longueur et son intensité, va profondément marquer l'histoire de la presse. Il est d'une violence absolue. Il prend un tour très personnel contre Émilien Amaury qui se bat seul contre tous. « Nous sommes décidés à le poursuivre partout où il se trouve, à lui rappeler quotidiennement qu'il ne s'en sortira pas sans discussions sur des bases sérieuses », raconte Roger Lancry, le patron emblématique du Syndicat du livre CGT dans un livre de souvenirs[4]. La guerre est totale : « Chaque ouvrier a pour mission de veiller à ce que pas un seul exemplaire du *Parisien libéré* n'apparaisse dans les kiosques. » Le conflit prendra fin après la mort accidentelle d'Émilien Amaury, à la suite

4. Roger Lancry, *La Saga de la presse*, éditions Lieu commun, 1993.

d'une chute de cheval dont les circonstances gardent leur part de mystère. *Libération* titrera : « Le cheval d'Amaury se sort indemne d'un accident. » *Charlie Hebdo* : « Un salaud est mort. » Une virulence stupéfiante qui donne la mesure de la brutalité du conflit. Mais il faut que cela s'arrête. Les discussions s'engagent. Un compromis est trouvé. Tout le monde en sortira perdant. La CGT d'abord, puisque le journal sera désormais imprimé par des ouvriers FO (Force ouvrière). L'exception en région parisienne. Le groupe Amaury aussi puisque, à la fin du conflit, la diffusion aura été divisée par deux : 800 000 exemplaires avant, 400 000 après. Un réel traumatisme pour toute la profession, dont la hantise sera de voir un nouveau mouvement social naître et prospérer. Ce qui poussera les éditeurs à tout faire pour éviter une non-parution. Tout faire, ce sera souvent céder face à des syndicats déterminés. La peur a changé de camp. Pendant tout le conflit du *Parisien*, Valéry Giscard d'Estaing à l'Élysée et son Premier ministre Jacques Chirac prendront soin de ne surtout pas s'en mêler. Les concurrents du quotidien ne feront pas de grandes démonstrations de solidarité. *France-Soir* sortira grand gagnant de la période. Beaucoup de lecteurs, frustrés de ne plus avoir leur *Parisien libéré*, passeront à la concurrence.

L'axe Thatcher-Murdoch

Dix ans plus tard, un conflit tout aussi symbolique opposera, en Grande-Bretagne, le magnat conservateur Rupert Murdoch et les syndicats. À la tête d'un empire comprenant *The Sun* ou *The Times*, son objectif est de baisser drastiquement les coûts pour réduire de 30 % le prix de vente de ses quotidiens. On estimait, à l'époque, que la crise de la presse était due à des tarifs trop élevés. En 1986, la crise qui couvait éclate dans le groupe Murdoch. La pomme de discorde est la construction d'un immeuble ultra-moderne, doté des technologies les plus en pointe, pour casser le monopole des ouvriers sur la composition des articles. C'est l'ancêtre du traitement de texte que Murdoch souhaite imposer. Il veut que les journalistes tapent eux-mêmes leurs articles, sans secrétaire, ni sténo, ni ouvrier du Livre. Les syndicats déclenchent une grève totale. Murdoch, qui a beaucoup soutenu Margaret Thatcher dès son accession au pouvoir en 1979, va obtenir son appui décisif. Logique renvoi d'ascenseur. Il passe en force et licencie les ouvriers grévistes. Pendant longtemps, les éditeurs français regretteront qu'il n'y ait pas à Paris un gouvernement aussi fort qu'à Londres, pour tenir tête aux syndicats du Livre…

On va le constater très vite. Début 1988, les ventes de *France-Soir* vont continuer de s'effondrer. Plutôt que de s'entêter à le redresser, Robert Hersant a l'idée de lancer un nouveau journal populaire, directement inspiré des quotidiens tabloïds britanniques comme *The Sun* ou *The Daily Mirror* dont les tirages sont considérables. Comme Murdoch, l'objectif est donc de faire un journal mis en pages directement sur écran, qui réduit le travail du Livre à la portion congrue. Dans le plus grand secret, une équipe est constituée autour de Bernard Morrot, à Boulogne-Billancourt, pour travailler sur un futur quotidien baptisé *Paris Star*. La

CGT a vent du projet. En décembre, elle organise une opération commando pour saisir (voler ?) le matériel. Il sera transféré et exposé comme un trophée au milieu de l'atelier de *France-Soir*. « Nous ne pouvions rester inertes, raconte Roger Lancry. Laisser *Paris Star* voir le jour et se développer sans nous, c'était courir le risque qu'à terme le second ne vienne brusquement se substituer au premier, mettant sur le sable plusieurs centaines d'ouvriers. » Le gouvernement Rocard nommé après la réélection de François Mitterrand laissera faire lui aussi. Mieux vaut regarder ailleurs plutôt que de risquer de rallumer le feu. Le traumatisme de la crise du *Parisien libéré* est encore bien là.

Même passivité dix ans plus tard avec le gouvernement de cohabitation de Lionel Jospin, lorsque les journaux gratuits *Métro* et *20 minutes* apparaissent en France : ils sont imprimés à l'étranger pour ne pas passer sous les fourches Caudines du Livre. Les ouvriers de la CGT font alors des roulements organisés pour intercepter les camions remplis de quotidiens fraîchement imprimés, et les répandre sur la chaussée afin qu'ils ne soient pas distribués. Des opérations « pour casser du gratuit », selon la terminologie en vigueur à l'époque. D'autres pratiques, encore plus contestables et plus anciennes, ont aussi été passées sous silence, par crainte de rallumer les braises mal éteintes de la contestation. Ainsi, en 1991, on découvre un stock de 5 000 armes en tout genre, dans un entrepôt des NMPP. Il y a là des fusils et des munitions récupérés après la mise en liquidation judiciaire de Manufrance en 1985, et précieusement conservés par la CGT. Cette dernière échangera l'impunité des auteurs contre la remise de cet arsenal aux autorités. Autre scandale soigneusement étouffé, cette fois par Robert Hersant : le détournement de 200 tonnes de papier par mois, qui partait directement à Cuba. Il servait à l'impression du journal *Granma*, le quotidien du parti communiste, du nom du yacht qui avait servi à Fidel Castro en 1956 pour lancer sa révolution. Ainsi vont les relations sociales dans les entreprises de presse. Les gros bras, les coups de force ne sont jamais loin. Des méthodes qui prennent souvent l'allure de pratiques mafieuses. Elles intimident patrons et politiques.

Cette violence, qui est la norme pour les quotidiens, se retrouve dans les usines de périodiques. Les anciens se souviennent que lors d'un conflit social particulièrement dur, Jean Didier, qui a produit jusqu'à 70 % des magazines français, s'est retranché, armé, dans l'imprimerie Montsouris à Massy-Palaiseau. De même, en 1984, les Éditions mondiales (qui éditent *Télé Poche*, *Nous deux*, *Intimité*) décident de fermer leur imprimerie de Maisons-Alfort. Un commando du Livre fait irruption dans le bureau du directeur général pour s'y opposer. Il découvre avec étonnement deux caisses de très bon vin que ce dernier (Francis Morel) a soigneusement entreposé là à la suite d'une inondation dans sa cave personnelle. Les bouteilles seront toutes bues et bien bues. « Quand est-ce qu'on retourne voir Morel ? » s'interrogeaient régulièrement les membres de la petite équipée…

Robert Hersant dehors

En fait, les relations entre le Livre et les éditeurs sont restées longtemps dans une sorte de paix armée. D'un côté, les éditeurs, plutôt résignés, ont accepté bon gré mal gré ce rapport de force en leur défaveur. Ils partaient du principe que c'était la seule façon d'assurer un minimum de tranquillité sociale, dans un secteur qui paie cher toute journée de grève et qui ne veut surtout pas revivre le conflit du *Parisien.* Jean-Luc Lagardère, propriétaire d'Hachette, a longtemps soutenu financièrement *L'Humanité.* Le groupe est même allé jusqu'à entrer un temps au capital, à hauteur de 20 %, avec TF1 et les Caisses d'Épargne. C'était au début des années 2000 ! Ces trois-là avaient aussi apporté près de 18 millions de francs d'argent frais. Une manière de s'acheter un peu de tranquillité... Logiquement, du côté du Livre, le statu quo a été l'objectif numéro un. Il faut pérenniser coûte que coûte un système d'avantages parfois « abracadabrantesques », pour le plus grand bénéfice de la CGT et du parti communiste. Le Syndicat du livre a fait preuve d'une créativité exceptionnelle pour inventer toutes sortes de primes attribuées à ses ouvriers : par exemple, la prime paysage (pour compenser la grisaille des locaux), la prime salissure (pour tenir compte des taches d'encre sur les vêtements), la prime de présentéisme (pour récompenser les ouvriers qui n'étaient pas trop absents), etc. Les discussions se déroulent « de puissance à puissance ». Les relations personnelles peuvent même être presque cordiales. Roger

Lancry, le patron historique du Livre, a eu longtemps sa place de parking dans l'immeuble du *Figaro*, rue du Louvre. Il négociait sans intermédiaire avec Robert Hersant.

Mais la CGT ne transige pas sur les principes. Lorsque le même Robert Hersant investit 800 millions de francs pour construire la nouvelle imprimerie du *Figaro* à Roissy, il n'a pratiquement pas le droit d'y mettre les pieds. Son bras droit Philippe Villin non plus. Lorsqu'ils bravent l'interdit à l'occasion de visites organisées pour les annonceurs du *Figaro*, la production s'interrompt systématiquement, sous les prétextes le plus souvent fallacieux. Hersant a bien fait embaucher un directeur de maintenance et trois directeurs de production. Mais ces derniers n'ont pas leur bureau à proximité de l'atelier. Et lorsque les rotatives commencent à tourner, ils sont poliment mais fermement raccompagnés jusqu'à l'ascenseur. Ils n'ont pas le droit de cité dans l'antre de la CGT, qui veille jalousement sur son monopole absolu. C'est comme un territoire inviolable. Il faudra cinq années de négociations pour que les choses changent. En fait, le Livre est en terrain conquis. Les conflits, mineurs ou importants, sont permanents. Et pour faire monter la pression plus vite et plus fort sur la direction, les réunions syndicales sont systématiquement organisées à l'heure où les rotatives doivent être lancées pour imprimer le journal. Le pire moment ! Une heure de retard s'avère très pénalisante pour les lecteurs les plus éloignés, qui ne recevront pas leur quotidien le lendemain, mais le surlendemain. Les abonnés s'exaspèrent et en imputent injustement la responsabilité à la Poste.

Privilèges et rentes

En 1989, l'imprimerie du *Figaro* fonctionne avec 500 personnes, là où une centaine aurait suffi, si elle avait été gérée suivant des règles normales d'une entreprise privée normale dans le respect normal du droit du travail. Les salaires y sont généreux : de 2300 à près de 4000 euros pour un ouvrier sans qualification, de 3500 à 6000 euros pour un cadre technique. À comparer aux 2400 euros pour un rédacteur débutant et 5000 euros pour un rédacteur en chef d'un quotidien. Des rémunérations qui se comprennent toutes primes comprises pour des salariés qui travaillent néanmoins le soir et souvent le week-end.

Dans les imprimeries, le temps de travail est régi suivant un principe aussi avantageux que rigide et coûteux : le « fini-parti ». Une fois que la tâche est remplie, impossible de demander autre chose à un ouvrier jusqu'à la fin de son service. La polyvalence est proscrite. Le salarié peut rentrer chez lui. « De sorte que la durée effective du travail n'excède pas les 20 heures par semaine… » se souvient un ancien. Le recrutement se fait par cooptation. Il est le privilège exclusif du Livre qui favorise les enfants, les neveux ou parents d'ouvriers déjà embauchés, ainsi que les camarades du Parti. Autre curiosité : en cas d'absence pour maladie, le syndicat dispose de ce qu'il appelle la « permanence ». C'est une agence d'intérim interne au Livre. Elle se charge de combler les absences, remplacées systématiquement, même pour une très courte durée. À l'origine, les directions des journaux trouvaient le système commode et économique, car il permettait, en cas de forte actualité, de renforcer les équipes très rapidement, puisque le tirage augmentait. Avec la « permanence », inutile de surdimensionner les effectifs pour qu'il n'y ait pas de problème les jours de forte activité. Mais le système a vite été dévoyé par le Livre. Les éditeurs n'avaient pas le droit de choisir les salariés remplaçants. Dans les faits, l'absentéisme y était toléré, voire encouragé, car il permettait de faire travailler les ouvriers de cette « permanence » qui n'attendaient que cela. En moyenne, « chaque ouvrier se faisait porter pâle 90 jours par an, sans jours de carence... » raconte Guy Arnold, l'ancien patron des imprimeries du *Figaro*.

Enfin, l'organisation totalement fermée de la CGT favorise les emplois fictifs. En 1989, la direction les estime à une cinquantaine, soit 10 % de l'effectif de son imprimerie de Roissy. La direction n'a aucun moyen de contrôle, car les tableaux de service et les absences sont du seul ressort du syndicat. Ces ouvriers sont en réalité des permanents de la CGT, du parti communiste, de certaines œuvres sociales et des représentants d'organismes paritaires. En plus de cela, il y a des fonctions prétextes comme les « pointeaux ». C'est un ouvrier qui se trouve en bout de chaîne, à l'endroit où arrivent les journaux par paquets. Le « pointeau » a la rude tâche de prendre la fiche qui se trouve sur chaque paquet, pour la donner au chauffeur qui devra le transporter à bon port. Impossible de supprimer ce poste dont l'utilité peut être discutée. Impossible aussi de mutualiser les « pointeaux », entre deux journaux imprimés sur la même machine. *Le Figaro* a connu une menace de blocage parce qu'un « pointeau » des *Échos* avait pris la place de son homologue malade sans que le syndicat donne son feu vert. Un *casus belli*.

Le beau-fils de Georges Marchais

Outre les emplois fictifs, il y a aussi les cas d'emplois forcés. En juillet 1986 chez Renault, dix militants de la CGT font irruption dans les bureaux de l'usine de Billancourt. Ils protestent contre l'annonce par la direction de la fermeture prochaine du site historique de ce qui était encore la régie Renault. À la suite de cette « descente » plutôt violente, le P-DG décide de licencier les dix cégétistes. Après trois ans devant les tribunaux, la Cour de cassation rejette les demandes de réintégration des dix intéressés. Qu'à cela ne tienne ! Cinq d'entre eux seront « amicalement » recasés dans l'imprimerie du *Figaro* (dont le beau-fils de Georges Marchais), quelques autres au *Monde*... « Globalement, cette organisation du Livre coûtait trois à quatre fois plus cher que dans une imprimerie fonctionnant avec des règles de droit commun », raconte Guy Arnold, le directeur général de l'imprimerie, qui a, des années durant, bataillé contre ce système et obtenu que cessent certains abus. L'introduction de l'informatique et un début de robotisation vont y aider. L'urgence est alors de réduire les effectifs. Tout le monde y trouvait son compte, sauf le contribuable... Les indemnités de départ étaient toujours très généreuses. On ne conclut jamais en dessous de 200 000 euros par personne. Ces plans étaient à l'origine financés à 70 % par l'État. Une part qui s'est ensuite réduite à 30 %.

Le grand deal

En 2008, lorsque les discussions commencent sur la réforme des imprimeries sous l'égide de Nicolas Sarkozy, les sujets sur la table sont donc lourds. Tout ce qui a fait le quotidien des ouvriers du Livre depuis 1945 est à débattre. L'échec semble assuré. Mais, surprise, la CGT va camper sur une posture nouvelle : le syndicalisme de négociation va se substituer au syndicalisme de contestation pratiqué jusque-là. La radicalité n'empêche pas la lucidité et l'humour. « L'imprimerie française a du plomb dans l'aile », reconnaissait déjà Roger Lancry dans *La Saga de la presse*. Les syndicats des imprimeries savent bien que la réforme est inévitable pour sauver le secteur. Le prix à payer est d'accepter que les choses changent.

La discussion sera bouclée rapidement. La volonté politique de Nicolas Sarkozy relayée par le savoir-faire de Raymond Soubie, le réalisme du Syndicat du livre représenté par Gérard Letréguilly et la détermination des éditeurs représentés par Francis Morel vont permettre de signer un accord historique. Le deal proposé aux syndicats est accepté : les éditeurs (les propriétaires des journaux) font évoluer le métier des ouvriers en investissant sur des machines plus modernes fonctionnant avec beaucoup moins de monde : une cinquantaine d'ouvriers là où il pouvait y en avoir dix fois plus il y a quelques années. En échange, des emplois sont préservés et même pérennisés. Le Livre fait preuve de réalisme en acceptant de renoncer à certaines de ses « vaches sacrées ». La « permanence » est ainsi supprimée. Le « fini-parti » est abandonné, ce qui va permettre d'instaurer de la polyvalence et de mutualiser des coûts entre plusieurs éditeurs. Les ouvriers effectueront réellement le nombre d'heures pour lequel ils sont payés. Une petite révolution. Logiquement, le nombre d'imprimeries est réduit. Il n'en reste aujourd'hui que trois en région parisienne : celle de Tremblay-en-France, désormais propriété de Riccobono, qui imprime *Le Figaro*, *Le Monde*, *Les Échos*, *Le Journal du dimanche* et *20 minutes*. Celle de l'ex-groupe Amaury, qui « roule » *Le Parisien* et *L'Équipe*. Et enfin la POP (pour Paris-Offset-Print), elle aussi propriété de Riccobono, qui imprime *Libération*, *L'Humanité* et *Aujourd'hui en France*. Ce qui était encore inimaginable il n'y a pas si longtemps est devenu réalité. L'accord a été délicat à faire passer au sein même du Livre. Les oppositions ont été fortes. Le rôle de Gérard Letréguilly a été déterminant. Son étoile a pâli en 2015 avec l'arrivée de Philippe Martinez à la tête de la CGT, qui campe désormais sur des positions très dures. À l'ancienne. Mais l'accord sur la modernisation des imprimeries a bien été mis en œuvre. Pour le plus grand bénéfice de l'ensemble des titres de la presse parisienne mais également des ouvriers.

Chapitre IV

LA DISTRIBUTION, LE MAILLON FAIBLE

Alors que tout bouge, tout change, tout se transforme dans la presse, une entreprise n'a toujours pas réussi sa mutation. La réalité n'a cessé de la rattraper. Cette citadelle assiégée, c'est Presstalis, nouveau nom depuis 2009 des Nouvelles messageries de la presse parisienne. Sa vocation est de distribuer la presse sur l'ensemble du territoire. Son modèle est directement issu de la guerre, imprégné des grands principes de la reconstruction morale et matérielle de la Libération. Les NMPP s'apparentent alors à une société de logistique. Le drame est que cette entreprise n'a pas évolué suffisamment vite. Le conflit est permanent. Toujours en retard d'une réforme, l'entreprise s'enfonce inexorablement. Tout le monde se rejette la faute de cette situation inextricable, mais tout le monde a sa part de responsabilité : les éditeurs, l'État et le Syndicat du livre.

Garantir le pluralisme

Un peu d'histoire. À la fin de la guerre, la vente au numéro des quotidiens est une priorité stratégique. La multitude de journaux qui reparaissent représente toutes les sensibilités politiques de l'après-guerre. Un foisonnement précieux pour faire enfin revivre la démocratie. Afin de conforter ce pluralisme, l'État va chercher à jouer un rôle de facilitateur, qui permettra à la presse de faire renaître le débat démocratique. À situation exceptionnelle, décision exceptionnelle. Face à la pénurie de papier, le gouvernement organise par exemple l'impression des quotidiens à tour de rôle, d'un jour sur l'autre, en prenant soin de ne léser aucun titre. Assez vite, la société chargée de la distribution de la presse fait faillite. L'État prend le relais et propose une solution originale avec toujours ce souci de garantir le pluralisme sur tout le territoire : responsabiliser les éditeurs en leur confiant directement la distribution des journaux. Ils vont ainsi être associés au groupe Hachette, qui se charge de l'opérationnel. Et pour que ce système inédit soit gravé dans le marbre, sa création va faire l'objet d'un vote au Parlement : c'est la loi Bichet du 16 avril 1947, qui confie la distribution aux Nouvelles messageries de la presse parisienne.

Ces NMPP vont fonctionner suivant un système de coopérative qui rassemble tous les éditeurs sans distinction. C'est la clé de voûte de la loi. Dans les instances de direction, chaque titre dispose d'une voix et d'une seule, quel que soit son poids économique :

Le Figaro comme *L'Humanité*, *L'Aurore* comme *Paris-Presse*, les quotidiens comme les magazines, les grands tirages comme les petits, les groupes français comme les entreprises étrangères. Les NMPP sont contrôlées à hauteur de 51 % par les éditeurs réunis dans cette coopérative. Hachette, l'opérateur, possède les 49 % restants. Ce système conduit à créer un quasi-monopole, peu propice à la réforme et à la modernisation. Seule exception possible : s'il le souhaite, un journal peut rester à l'écart à la condition qu'il se distribue lui-même. Un régime largement utilisé par les quotidiens régionaux et *Le Parisien*, qui continuent encore aujourd'hui à se distribuer en dehors de ce système coopératif.

Péché originel

Lorsqu'elle est adoptée, la loi Bichet apparaît comme une précieuse garantie du pluralisme sur l'ensemble du territoire. Les éditeurs y trouvent leur compte. Ils se déchargent sur les NMPP des activités ingrates, lourdes et complexes de logistique et de distribution. C'est parfait. Tant que le marché est en croissance, le système dégage même des bénéfices. Ils sont reversés aux éditeurs suivant un principe égalitaire : c'est ce que l'on appelle le « trop-perçu ». Ce versement de fin d'année fait plaisir à tout le monde. C'est une manne qui permet aux journaux d'améliorer leurs résultats. Mais du coup, il ne reste rien pour les NMPP. Elles ne peuvent constituer aucune réserve pour faire face en cas de difficulté.

C'est l'un des « péchés originels » de cette loi Bichet. À l'usage, les inconvénients de cette organisation, imaginée avec les meilleures intentions, vont apparaître les uns après les autres.

Par exemple, le système est totalement ouvert à tout nouvel entrant. Il va ainsi faciliter l'arrivée en France de groupes étrangers parfois très puissants et menaçants. En Grande-Bretagne ou en Allemagne, la distribution est contrôlée par les plus grands éditeurs nationaux. Le système est fermé. En France, Axel Ganz a pu facilement créer le groupe Prisma à partir de 1979, avec des titres comme *Géo*, *Femme actuelle*, *Capital*, *Gala*, *VSD* ou *Télé Loisirs*, grâce à ce principe égalitaire et coopératif. « Je n'aurais jamais pu réussir à construire un groupe de cette taille en Allemagne », reconnaît alors Axel Ganz. L'irruption de ce nouvel acteur a été un défi majeur pour les groupes français. Les ventes de ces titres, très bien conçus, ont atteint des records, au point qu'aujourd'hui Prisma est devenu le numéro un de la presse magazine en France. Il appartient au géant allemand Bertelsmann, qui possède aussi RTL, M6, Penguin Random House (premier éditeur du monde), BMG (maison de disques de Céline Dion et des Britney Spears).

Quand tout se dérègle

Satisfaisant en temps de vaches grasses, le système coopératif des NMPP se transforme en boulet en période de vaches maigres. Lorsque le chiffre d'affaires n'est plus suffisant pour couvrir les coûts, tout se dérègle. Car le système coûte les yeux de la tête. Les quotidiens sont les plus chers à acheminer. Certains d'entre eux comme *Le Parisien* et *L'Équipe* bouclent, comme on l'a vu, après minuit. Les autres quotidiens sont prêts un peu avant. Tous les exemplaires doivent être acheminés dans les points de vente entre 6 et 7 heures du matin. C'est là que se situent la performance logistique et… le gouffre financier. Quand les premiers déficits apparaissent, personne n'a le courage de prendre le taureau par les cornes pour trouver des solutions pérennes. Les éditeurs ne s'intéressent toujours pas au fonctionnement de la messagerie. Ils n'ont qu'une préoccupation et une seule : la bonne distribution de leurs titres en évitant les aléas comme les grèves. Une non-parution se traduit mécaniquement par une double perte de recettes (kiosques et publicité). La vente au numéro pèse trop lourd dans leurs comptes pour qu'ils puissent prendre le moindre risque, alors que la plupart d'entre eux connaissent des situations financières de plus en plus fragiles. Ils siègent tous au conseil d'administration des NMPP. Ils font systématiquement pression pour que l'on ne résiste pas trop aux revendications sociales, afin de sécuriser la distribution. Impossible de leur demander de réagir. C'est le chacun pour soi. Encore et toujours le traumatisme du conflit du *Parisien*… Les pouvoirs publics ne sont pas plus courageux. De gauche comme de droite, les gouvernements successifs redoutent eux aussi toute étincelle qui pourrait se propager à d'autres secteurs.

Les syndicats vont vite comprendre qu'ils sont en situation de force. Les grèves, blocages, perturbations en tout genre dans la distribution se multiplient. Une spirale infernale qui fragilise encore un peu plus le secteur. À la longue, les non-parutions découragent les acheteurs de fréquenter leur point de vente habituel et les incitent, au mieux à lire leurs journaux sur Internet, au pire à les remplacer par les sites d'info gratuits. Pour arriver à ses fins, la CGT prend le risque de fragiliser encore un peu plus le secteur et le modèle qu'il prétend défendre. Un jusqu'au-boutisme syndical qui dépasse les excès bien connus de la CGT dans les ports français ou à la SNCF. Devant ces dérives, le président François Hollande avait lui-même mis en garde le Syndicat du livre, sur les risques pour la liberté d'informer que comporte un usage dévoyé du droit de grève. Mais rien ne semble pouvoir ouvrir les yeux de ces responsables syndicaux qui s'accrochent à leur modèle. L'opposition de la CGT prend parfois des allures ubuesques : en septembre 2018, pendant la Fête de l'Humanité, elle va même jusqu'à lancer un blocage des quotidiens nationaux, y compris *L'Humanité*, pour s'opposer à toute réforme de la loi Bichet… Cette défense systématique des avantages acquis menace le système d'une faillite générale. Une pratique particulièrement pernicieuse va rendre la vie des éditeurs impossible : les grèves à répétition. Elles sont annoncées en début d'après-midi pour prendre effet à 20 heures, au moment où la production doit commencer. Une angoisse permanente pour le chiffre d'affaires et l'image du journal auprès des lecteurs qui pousse, de guerre lasse, à céder. De micro-concession en petit recul, la facture finit par être salée.

Salaires exorbitants, effectifs pléthoriques

Voilà pourquoi les ex-NMPP vivent, depuis plus de dix ans, au rythme d'un conflit social larvé qui empoisonne la vie de toute la presse écrite. En 2007, alors que la digitalisation de la presse n'en était qu'à ses débuts, l'activité perdait déjà 11 millions... Entre 2008 et 2018, le gouffre se creuse encore ; 400 millions de pertes cumulées fin 2018. Toute réorganisation bute sur l'absence de fonds propres de Presstalis. L'État ne peut payer des sommes aussi faramineuses. Finalement, le plan de 2018 sera financé intégralement par les éditeurs. L'entreprise est placée en redressement judiciaire. Un plan de sauvetage prévoit de diviser les effectifs par deux pour les stabiliser à 1250 salariés. Il y a urgence à faire cesser les mauvaises habitudes qui se sont perpétuées depuis sa création : des effectifs pléthoriques sans rapport avec le niveau d'activité : 450 personnes au siège parisien ! Des salaires élevés comme ceux pratiqués dans les imprimeries. De sorte que le coût d'un salarié de Presstalis est deux fois plus élevé que dans les autres entreprises de logistique comparable où l'on travaille deux fois plus[1].

Soixante-dix ans après, la loi Bichet est toujours là. Le principe de la distribution libre, ouverte et égalitaire qu'elle édicte reste immuable alors que le paysage s'est métamorphosé. À la Libération, il n'y avait que des quotidiens et quasiment aucun magazine. Aujourd'hui, comme on l'a vu, on compte seulement

1. *Le Figaro*, 7 février 2013.

une dizaine de quotidiens et plusieurs centaines de magazines. L'économie de la distribution s'est profondément transformée. Le chiffre d'affaires de la vente au numéro ne représente plus que le quart des recettes. L'essentiel est vendu par abonnement papier ou numérique. Deux quotidiens nationaux seulement ont des ventes au numéro supérieures à 100 000 exemplaires : *L'Équipe* et *Le Parisien-Aujourd'hui en France.* Le déclin de la vente au numéro est d'ailleurs une tendance lourde et irréversible dans tous les pays développés.

Spirale infernale

Les premières victimes de cette situation ubuesque sont les marchands de journaux. Déjà, nettement moins bien payés que leurs homologues européens, ils ont un salaire proche du SMIC. Ils vont subir de plein fouet la baisse des ventes, ces grèves à répétition et une dégradation très nette de la qualité de la distribution. Les exemplaires arrivent de plus en plus souvent en retard, les quantités commandées ne sont pas respectées. C'est la course à l'abîme. Les points de vente disparaissent. De 35 000 à la Libération, on n'en compte guère plus de 22 000 aujourd'hui. Il en ferme tous les jours. C'est une spirale infernale. Moins il y a de kiosques, plus les habitudes d'acheter un journal se perdent, plus les ventes baissent et plus les marchands de journaux vont mal, etc. Cette situation fragilise les éditeurs, dont la diffusion s'affaisse mécaniquement. L'une des vertus de la vente au numéro est d'assurer une véritable élasticité de la diffusion. Lorsqu'un événement majeur survient, les ventes augmentent fortement. Cette « élasticité » des ventes est d'ailleurs un indice de bonne santé pour un titre, qui voit arriver des acheteurs occasionnels. Après la mort du pape Jean-Paul II, *Le Figaro* a triplé ses ventes le lundi 4 avril 2005. L'onde de choc s'est maintenue toute la semaine. Moins spectaculaires, les lendemains d'élection se traduisaient néanmoins par des ventes en hausse de 50 à 60 % pour une présidentielle. « C'est ce que l'on avait constaté pour Jacques Chirac en 1995 puis en 2002 », se souvient Frédérick Cassegrain, ancien éditeur du *Figaro*. Ces derniers temps, les pics d'audience sont plus modestes : 10 à 20 % pour la victoire d'Emmanuel Macron. Et surtout, le phénomène ne dure pas. Deux jours après l'événement, les diffusions retrouvent leurs niveaux habituels. Avec un réseau de distribution de vente au numéro affaibli, les éditeurs doivent faire une croix sur ces ventes additionnelles qui pouvaient être bienvenues et significatives.

La fin des Maisons de la Presse

À l'origine, chaque publication, si modeste soit-elle, avait droit à une distribution nationale dans tous les points de vente. Cet avantage a disparu depuis de nombreuses années, mais les marchands de journaux n'ont pas pour autant le choix des titres qu'ils reçoivent et de leur volume. Sur le terrain, chaque kiosquier est obligé de présenter à sa clientèle ce qui lui est confié. Même si cela ne se vend pas. Résultat, près des deux tiers des titres mis en place dans chaque point de vente partent au pilon. Le kiosquier se transforme en manutentionnaire qui passe son temps à mettre en place et à retirer des exemplaires invendus.

Dans le cœur des villes, on assiste aussi à une évolution inquiétante. La disparition des Maisons de la Presse. Elles assurent des volumes de vente toujours importants. Mais lorsque leurs propriétaires veulent passer la main, impossible de trouver des repreneurs pour un métier qui devient si pénible. Il est plus intéressant de revendre ces magasins, souvent très bien placés dans les rues les plus commerçantes, à de grandes enseignes de vêtements, françaises ou internationales, qui réaliseront un chiffre d'affaires au mètre carré deux ou trois fois plus important. Et l'expérience montre que lorsqu'un point de vente disparaît, les acheteurs se volatilisent. Ils ne se rabattent pas sur un autre kiosque. L'habitude se perd et, avec elle, une grande partie de la diffusion.

Pour mieux comprendre le phénomène, la fermeture d'une Maison de la Presse bien précise en région parisienne a été étudiée de près dans les années 2010. Elle vendait 400 exemplaires du *Figaro* chaque jour. Le quotidien a analysé l'évolution des ventes dans les kiosques environnants, le Relay de la gare SNCF et dans son portefeuille d'abonnements pour voir comment s'opéraient les reports. Las ! L'essentiel de ces 400 exemplaires du *Figaro* vendus dans cette Maison de la Presse ne s'est pas retrouvé ailleurs. On estime que 70 % du chiffre d'affaires d'un point de vente disparaît avec lui. Avec l'irruption du numérique, les fermetures de kiosques et de marchands de journaux s'accélèrent. Le secteur tente néanmoins de réagir depuis longtemps. Ce fut le cas avec la transformation dans les années 1990 de points de vente « à l'ancienne » en « Relais H » puis en « Relay ». Ce concept en self-service, bien éclairé et proposant de nouveaux produits comme de la confiserie, a permis d'augmenter instantanément le chiffre d'affaires de 10 %. Le groupe Decaux, qui a repris les kiosques parisiens, poursuit la même démarche en les transformant en boutiques plus modernes et plus attrayantes, avec des augmentations de diffusion quasi systématiques. Un signe encourageant qui permet d'espérer un ralentissement de la baisse de la vente au numéro.

Le « niet » de Tapie

En Corse, les lecteurs de quotidiens sont sans doute parmi les plus méritants de France. Une ou deux fois par semaine, le journal n'est pas au rendez-vous. Imprimés sur le continent, les exemplaires arrivent régulièrement à Bastia sur le coup de 10 heures du matin pour ensuite être acheminés par route dans l'ensemble de l'île. Pour offrir une qualité de service parfaite et répondre ainsi à la concurrence de l'information numérique, une idée est avancée, dans les années 2010, par l'ensemble des éditeurs. Puisque les quantités destinées à l'île de Beauté sont modestes (autour de 2000 exemplaires par titre et par jour), pourquoi ne pas « rouler » ces journaux sur des imprimeries numériques légères (de grosses photocopieuses) qui seraient installées en Corse ? L'investissement est raisonnable et aurait pu être financé à 80 % par les départements, l'État et l'Europe. Tous les éditeurs étaient d'accord pour se faire imprimer par ce système qui aurait permis une distribution en temps et en heure. Tous sauf un qui a fait capoter le projet pour des raisons financières : Bernard Tapie, propriétaire de *Corse-Matin* au travers du groupe *La Provence*, n'a pas voulu lâcher le peu d'investissement qui lui revenait. Les quotidiens continuent donc à arriver en retard…

Fidélisation exceptionnelle

Globalement, la presse semble malade de sa vente au numéro. La qualité de service recule inexorablement. La dégradation s'accélère avec les difficultés de Presstalis. Si les éditeurs n'ont pas trouvé l'énergie pour réagir sur ce terrain, certains ont jugé plus sage de ne pas mettre tous leurs œufs dans le même panier et de développer un système alternatif de distribution : le portage à domicile, qui a permis d'amortir le choc du numérique. C'est une vieille tradition venue des pays scandinaves et d'Allemagne, qui s'est répandue assez logiquement dans les titres du nord et de l'est de la France. *Les Dernières Nouvelles d'Alsace* ont distribué jusqu'à 80 % de leur diffusion par portage ; 70 à 75 % pour *La Voix du Nord*, *Ouest-France* ou *Le Télégramme de Brest*… Pour ces quotidiens, la vente en kiosque est trois à quatre fois moins importante… Cette tradition du portage a mis plus de temps à s'imposer dans les quotidiens du Sud, surtout lorsque l'habitat est éparpillé. Le système revient cher lorsqu'il faut servir un client tous les cinq kilomètres. Par exemple dans la région Rhône-Alpes, dans le Massif central ou dans les Landes. Lorsqu'il y a un client tous les cinquante mètres, c'est évidemment très rentable. C'est aussi un service « addictif » pour les lecteurs, de sorte que les taux de réabonnement sont excellents. C'est grâce à ce portage quasi systématique que la diffusion de la presse quotidienne régionale résiste beaucoup mieux que celle des titres nationaux.

Le Figaro a repris cette idée du portage sous l'ère Hersant dans les années 1980, puis l'a amplifiée encore à partir de 2005. Le service qu'il offre est incomparable. Jusqu'alors, les quotidiens étaient tributaires de la Poste qui ne les distribuait qu'avec la première tournée à partir de 9 heures du matin. Avec le portage, le quotidien est porté aux abonnés avant 7 heures du matin, dans la boîte aux lettres ou mieux encore, en ville, sur le paillasson. Un tour de force, car les immeubles sont désormais sécurisés avec des codes d'accès ou des clés particulières. *Le Figaro* propose donc ce mode de distribution dans les zones où se retrouve une forte concentration d'abonnés. Notamment les quartiers les plus huppés de Paris. Le service est assuré par des centaines d'indépendants, souvent autoentrepreneurs. Au *Figaro*, le portage représente plus du tiers de la diffusion globale du titre. Lorsque l'habitude est prise de feuilleter le journal au petit déjeuner, le lecteur, actif ou retraité, ne se désabonne pas. D'autant que ce service haut de gamme le suit sur son lieu de vacances et que le système de paiement par prélèvement automatique le rend quasi indolore. On finit par l'oublier ! Statistiquement, après trois ans d'abonnement, les lecteurs restent fidèles… jusqu'à leur mort. Il y a d'ailleurs au *Figaro* une procédure spéciale « désabonnement notaire » pour mettre fin au service, au moment du règlement de la succession des plus vieux lecteurs… D'autres titres comme *Les Échos* ou *Le Parisien* ont suivi *Le Figaro* dans ce développement du portage à domicile.

Lorsqu'il est instauré, ce système semblait imbattable et éternel. Jamais la presse ne s'était autant rapprochée de ses lecteurs. L'objectif a toujours été de réduire au maximum le temps qui sépare la rédaction d'un quotidien du moment où il est lu. Avant le numérique, on pensait impossible de faire mieux que le journal sur le paillasson. Désormais, avec l'apparition des tablettes en 2011, le quotidien est disponible sur la table de nuit, non plus avant 7 heures du matin, mais la veille au soir entre 21 h 30 et 22 heures. Ça n'a pas forcément le charme d'une lecture sur du papier, mais les avantages concurrentiels sont évidents, surtout pour les lecteurs les plus pressés. La décision de mettre à disposition le journal dès la veille au soir n'a pas été une évidence pour tout le monde. Certains pensaient qu'il fallait continuer à respecter le cycle normal et attendre le lendemain matin. La tentation était forte, pour ménager les marchands de journaux, dont le rôle dans la diffusion de la presse écrite reste crucial.

L'ère du PDF

Pour apprivoiser le numérique, un standard s'est rapidement imposé. La reproduction de toutes les pages du journal dans leur forme papier, mais sur les écrans. On peut ainsi tourner virtuellement les pages sur un ordinateur ou une tablette. C'est ce que l'on appelle le PDF pour Portable Document Format. Un standard inventé par Adobe en 2008. C'est une alternative bien commode au journal imprimé. Ce mode de lecture digital des quotidiens et des magazines s'est généralisé. Une concurrence redoutable pour la version papier, lorsque les ouvriers du Livre cessent le travail et bloquent les imprimeries. Chaque quotidien prend d'ailleurs bien soin d'annoncer à ses lecteurs que leur journal sera évidemment disponible dans sa version électronique. Et chacun mesure à quel point une journée de grève, qui peut coûter autour de 300 000 euros aux éditeurs de quotidien, met en évidence la lourdeur de la distribution physique et son prix faramineux.

Peu à peu, les lecteurs se sont donc laissé séduire par cette formule du PDF. Ils restent en revanche réfractaires aux tentatives de journaux totalement délinéarisés. Le PDF permet au lecteur de garder ses repères, de conserver ses habitudes : la une, la mise en pages du quotidien qui préserve la hiérarchie de l'information. Ce qui est important est plutôt en haut de page et traité en texte long, ce qui l'est moins en articles plus courts en bas de page. Avec en plus les encadrés et les photos, le lecteur conserve une vision globale et attrayante des contenus de son journal. Il est frappant de constater que, pour l'instant, l'image des supports physiques survit à la numérisation de la presse. Un peu à l'exemple de la musique qui a été le premier secteur à subir de plein fouet la concurrence digitale. Aujourd'hui, aux États-Unis, les trois quarts des revenus de l'industrie musicale proviennent du streaming. En France, 2018 a été l'année de la bascule. Pour la première fois, les CD rapportent moins que les plates-formes. Mais Spotify comme Deezer ou Apple Music continuent à proposer les morceaux de musique par référence aux albums physiques auxquels ils se rattachent.

Pendant l'été 2018, SFR Presse, le kiosque en ligne de l'opérateur téléphonique, a tenté de lancer une nouvelle formule novatrice de son site en supprimant purement et simplement ces PDF. Sur tel événement, il proposait plutôt une revue de presse, avec des articles émanant des différents quotidiens. Une initiative intéressante qui provoque néanmoins un tollé. C'est sans doute avoir tort que d'avoir raison trop tôt. Les PDF ont été rétablis illico presto. Les utilisateurs ne sont pas encore prêts.

Apple en embuscade

Les kiosques numériques misent donc sur la lecture des quotidiens en PDF. L'offre n'est pas aussi abondante que dans un réseau physique. On y trouve néanmoins une centaine de quotidiens ou magazines à télécharger.

Le premier de ces kiosques a été créé en 2010 à l'initiative des grands titres de la place : *Le Figaro*, *Les Échos*, *L'Équipe*, *Le Parisien*, *Libération*, avec le soutien de *L'Express*, *Le Point* et *Le Nouvel Observateur*. Un GIE (groupement d'intérêt économique) est ainsi constitué avec l'ambition de barrer la route à Apple et à Google... Ces deux-là constituent un duopole de fait qui leur permet d'imposer leur loi aux journaux. Qu'on en juge ! L'Apple Store comme le Google Play Store (ex-Android Market) prennent une commission de 30 % sur les abonnements vendus. Mais ça n'est pas tout ! Les éditeurs ne sont pas maîtres de leurs prix. Ils sont fixés suivant la grille tarifaire imposée par Apple et Google (0,99 euro), alors que l'édition papier est plus chère ! Les deux Américains gardent aussi pour eux les fichiers des abonnés. Les éditeurs de presse se retrouvent pieds et poings liés, par un système qui les étouffe mais dont ils ne peuvent se passer. Ils apparaissent d'ailleurs comme des victimes consentantes. Il faut reconnaître que, sans la puissance de feu de ce duopole, la pénétration du numérique n'aurait pas été aussi rapide. Impossible de se passer de ces stores dont la puissance commerciale mondiale est sans égal. Une bataille du pot de terre contre le pot de fer.

Les différents titres de la presse vont se diviser sur la stratégie de distribution numérique à adopter face aux stores d'Apple et de Google. Le kiosque virtuel de distribution de presse numérique ePresse est donc clairement conçu pour les contourner. Mais il n'y parviendra pas. D'abord parce que tous les titres importants n'y sont pas. Il y a un absent de poids : *Le Monde* a toujours préféré rester à l'écart. Pierre Bergé, copropriétaire du journal, le justifiait en expliquant « *Le Monde* est un journal à part. On ne se mélange pas. C'est comme Saint Laurent. » Ensuite parce qu'au lancement d'ePresse, malgré l'absence du *Monde*, les éditeurs avaient convenu de boycotter l'Apple Store. Mais ce front va se lézarder très vite. Difficile de se passer d'un mode de distribution aussi puissant que celui d'Apple. Lagardère sera le premier à céder. Les autres suivront. À l'étranger, les réactions sont analogues. On proteste, mais impossible de faire sans. Dès 2011, le *Financial Times* a dénoncé le système. Après des années de pression, notamment aux États-Unis, Apple a dû en rabattre (un peu) et consentir un geste. Pour les abonnements récurrents, la commission passe à 15 % la deuxième année, depuis juin 2016. Mais le débat est loin d'être clos. Les autorités de régulation du monde entier planchent sur le sujet, alors que les revenus des stores d'Apple et de Google s'envolent avec l'incroyable croissance du marché des applis. Ces dernières rapportent aux magasins en ligne plus de 100 milliards de dollars par an… Ce cap symbolique a été franchi en 2019[2]. C'est que tous les éditeurs de contenus, quels qu'ils soient, sont logés à la même enseigne et doivent payer leurs 30 %… Tout le monde, ou presque, accepte bon gré mal gré de payer. Néanmoins, les plus puissants se rebiffent et organisent le contournement des stores d'Apple et de Google jugés trop gourmands. C'est le cas des éditeurs de jeux vidéo comme Epic Games (Fortnite), de Netflix ou de Spotify. Ces sociétés ne proposent plus de s'abonner sur leurs applis. Pour souscrire, les consommateurs sont orientés vers les sites de ces éditeurs réfractaires, pour qui le paiement de cette dîme représente un lourd manque à gagner. D'après certaines estimations, Netflix se serait assis sur plus de 250 millions d'euros qui auraient filé directement dans les caisses d'Apple.

2. Étude App Annie, janvier 2019.

Ce système fermé d'Apple Store, maintes fois dénoncé, est sans doute une des raisons du succès mitigé des tablettes sur l'ensemble des marchés. Depuis plus de trois ans, les ventes mondiales sont en baisse. En 2017, il s'en est écoulé plus de 163,5 millions d'unités[3]. Leur usage reste limité aux films, aux livres, aux journaux et aux jeux, ce qui explique sans doute ces performances relativement décevantes. Le faible renouvellement du parc et les prix qui restent élevés sont aussi des freins au développement des tablettes d'Apple et de Samsung. Celles d'Amazon, nettement moins chères, connaissent un plus grand succès. Pour les éditeurs de quotidiens et de magazines, ces tablettes représentent une perte de contrôle difficile à accepter. Ils ont suffisamment de mal à se débarrasser de la dépendance à Presstalis dans la distribution physique pour ne pas se jeter dans les bras d'Apple et de Google dans la distribution numérique.

Il reste que, par leur simplicité d'utilisation, ces tablettes représentent potentiellement une forte concurrence. En un clic, elles permettent de se procurer des journaux qu'il devient inutile d'imprimer, inutile d'acheminer dans les points de vente ni d'aller chercher.

D'importants chantiers à ouvrir

En France, la presse écrite n'a pas encore trouvé collectivement son modèle sur les kiosques numériques comme sur les kiosques physiques. Dans le

3. Rapport du cabinet IDC, février 2018.

sillage d'ePresse, SFR et les autres opérateurs télécoms se sont lancés à leur tour, à partir de 2016, dans ces kiosques numériques, notamment pour profiter d'une TVA avantageuse (2 %) aujourd'hui disparue. Ces kiosques représentent un nouveau canal de distribution dont le succès est très variable suivant les titres. La presse people (*Public* ou *Closer*) y voit une aubaine pour rajeunir son audience. De grands quotidiens peuvent vendre plusieurs centaines d'exemplaires par jour. *Le Journal du dimanche* en profite encore modestement. La plupart de ses points de vente sont fermés ce jour-là. Jusqu'à présent, ce titre n'était vendu que pendant quatre heures le matin grâce à un réseau *ad hoc*, constitué de vendeurs à la sauvette, de bistrots ou de boulangeries. L'inconvénient de la vente électronique est qu'elle est beaucoup moins rentable. La marge est deux fois plus faible que pour les exemplaires papier. Mais ce mode de distribution a aussi l'avantage d'échapper à Apple.

Sur les kiosques numériques, la commercialisation titre par titre est sans doute un frein à l'abonnement. Une offre illimitée pourrait être la solution. Les exemples de Spotify, de Netflix ou d'Amazon ont de quoi faire réfléchir. Avec des tarifs autour de 10 euros, ils connaissent un grand succès commercial quand, dans la presse française, les abonnements restent fixés autour de 15 euros pour un titre seulement. Autre chantier d'ampleur à ouvrir : la réforme de la distribution physique. Il faudra évidemment revenir sur une incongruité. La loi Bichet prévoit que seule une entreprise à statut coopératif a le droit de distribuer de la presse en France. Voilà pourquoi la société Presstalis est restée pratiquement sans concurrents et qu'elle distribue grâce à son monopole la totalité de la presse quotidienne nationale, mais aussi 75 % des magazines. Un début d'ouverture est néanmoins apparu au cours du temps. Les MLP (Messageries lyonnaises de presse) sont aussi une coopérative. Jadis filiales des NMPP, elles ont pris leur indépendance. Elles ont pu se permettre de casser les prix sur la distribution des magazines car elles avaient deux atouts : elles n'employaient pas d'ouvriers du livre et ne distribuaient pas de quotidiens. Mais ce faisant, les MLP ont encore accentué les difficultés du secteur de la distribution. Il faudrait évidemment revenir sur cette loi Bichet qui corsète totalement la concurrence. Mais les gouvernements hésitent à prendre le risque d'une telle décision, qui peut déstabiliser un secteur déjà en pleine crise. Une solution médiane est possible. À côté du système existant, instaurer une sorte d'agrément pour les entreprises qui voudraient se lancer dans cette activité, à la condition qu'elles acceptent de distribuer l'ensemble des titres qui se présenteraient à la vente. Il n'est pas sûr que cela soit suffisant pour sauver un secteur dans un triste état.

Chapitre V

LES QUOTIDIENS À L'AVANT-GARDE DU NUMÉRIQUE

On a commencé par les appeler drôlement les « autoroutes de l'information ». Un terme elliptique pour une réalité encore un peu mystérieuse, alors que la France reste très fière d'avoir inventé le Minitel et ses 3615. Au milieu des années 1990, l'usage du numérique semble être réservé d'abord aux professionnels plutôt qu'au grand public. Comme beaucoup, les médias sont restés circonspects, face à cette innovation venue des États-Unis. Les grandes chaînes de télévision sont plutôt accaparées par la nouvelle concurrence du câble, du satellite, des programmes payants et, plus tard, de la TNT. Après tout, l'Internet permet d'abord de transmettre du texte et pas encore beaucoup d'images. La barrière technologique est forte. L'audiovisuel ne s'est pas senti concerné par l'irruption d'un média encore bien loin de ses bases. D'autant que les perspectives publicitaires du Web semblent bien maigres, face aux revenus encore plantureux des stations de radio et surtout des chaînes de télévision.

Premiers sites

La presse quotidienne a été la première à croire au digital ou, peut-être, la première à avoir intérêt à y croire. Le mouvement a mis du temps à prendre forme. Les périodiques sont souvent passés à côté. Le succès de aufeminin.com s'explique par le refus des grands magazines de s'intéresser à ce média naissant. Au sein du groupe Hachette Filipacchi, le journal *Elle* aurait eu la légitimité pour se lancer dans l'aventure. Mais la volonté n'est pas là. On préfère encore développer le réseau international en multipliant les éditions étrangères, ce qui a sa logique. Lorsque Arnaud Lagardère se décidera enfin, il est déjà trop tard. Les places sont prises. Mais tout le monde ne passe pas à côté de l'Internet. En 1994 par exemple, le groupe Bayard lance un magazine de vulgarisation scientifique baptisé *Eurêka*. Certains membres de l'équipe entendent parler d'une étrange révolution qui se prépare en Californie… Philippe Jannet, responsable du Minitel, est de ceux-là. Il va voir sa direction pour lui arracher un budget de 10 000 francs, avec l'idée de développer eureka.com. L'argent file vite. Quelques mois plus tard, il retourne demander une rallonge du même montant à sa direction. La réponse est sans appel : « Mon pauvre Philippe, redescends sur terre. Les gens n'auront jamais d'ordinateur chez eux. »

Le temps des pionniers

À la même époque, les deux premiers quotidiens nationaux, *Le Monde* et *Le Figaro*, vont être plus clairvoyants et jouer les éclaireurs. Ils voient l'un et l'autre dans le numérique une menace très sérieuse pour leur diffusion et leurs revenus qui s'érodent déjà. Ils ont aussi l'impression, encore vague, que cela peut être une opportunité de modernisation et de renouveau. Et si le numérique était une nouvelle forme de distribution des quotidiens, plus puissante et moins onéreuse ? À l'époque, on ne voit pas encore précisément l'ampleur de la révolution à venir, mais on la pressent. 1996 marque un tournant. La plupart des quotidiens se lancent dans ce qui est encore un pari : *Libération*, *Le Parisien*, *Les Échos*…

Au *Monde* comme au *Figaro*, peu de journalistes prennent vraiment au sérieux ce nouveau média. Ils ne sont qu'une poignée à avoir l'intuition qu'une ère nouvelle peut commencer. Jean-Marie Colombani, le directeur de l'époque, est de ceux-là. Il choisit une date très symbolique pour créer cette nouvelle activité : le 19 décembre 1995, jour anniversaire de la création du quotidien par Hubert Beuve-Méry en 1944. Les premières versions du site sont plus que sommaires. On accède à la une du journal, à quelques rares articles et à des dossiers thématiques[1]. La petite équipe dirigée par Michel Colonna d'Istria a installé ses quartiers

1. « Le jour où *Le Monde* se met au Web », article de Raphëlle Bacqué et Ariane Chemin, *Le Monde*, 31 juillet 2014.

dans un local jouxtant l'imprimerie d'Ivry-sur-Seine. Pas question de se mélanger avec les « seigneurs » du quotidien, dont le siège est en plein Paris. Il faudra attendre 1999 et le soutien de Jean-Luc Lagardère pour donner de l'ampleur à cette nouvelle activité qui sera filialisée. Le patron d'Hachette prendra alors 34 % de ce qui deviendra *Le Monde interactif*. Son fils Arnaud revendra ses parts au trio BNP (Pierre Bergé, Xavier Niel, Matthieu Pigasse) fin 2011 pour 35 millions d'euros.

La modernité du multimédia

C'est à la même époque que le groupe *Figaro* prépare en grand secret la nouvelle formule de son quotidien. Robert Hersant est mort en 1996. Yves de Chaisemartin a reçu mandat de la famille de vendre le groupe au mieux : *Le Figaro*, mais aussi tout le reste de l'empire, constitué d'une multitude de quotidiens régionaux et d'outre-mer. Pour rendre la mariée plus belle, décision est prise de dépoussiérer *Le Figaro*, navire amiral de l'ensemble. Franz-Olivier Giesbert, le directeur des rédactions, s'attelle à la tâche avec Yves Thréard, jusque-là patron de *France-Soir*. Ils imaginent une nouvelle formule très inspirée du *Daily Telegraph* britannique, qui les accompagne fortement dans cette entreprise de modernisation. Ils présentent logiquement une maquette à l'anglo-saxonne : les faits et les commentaires sont nettement dissociés, la photo est traitée désormais en majesté, l'éditorial se retrouve à l'intérieur du journal. Et pour marquer son désir de modernité, Yves de Chaisemartin demandera deux innovations dans ce *Figaro 2000* (nom de code interne) : une couverture plus fournie des questions européennes et une page sur les nouvelles technologies. Une décision forte est même prise : la dernière page du journal sera entièrement consacrée… au multimédia !

Les lecteurs découvrent donc cette innovation avec leur nouveau journal à la fin de l'année 1999, le jour même de la mort d'Alain Peyrefitte, l'ancien académicien qui avait présidé le comité éditorial du journal dans les années 1980. Dans cette page, on trouvait traitée l'actualité de ce que l'on n'appelait pas encore le numérique. C'était à tout le moins osé. Beaucoup de lecteurs de quotidiens commencent leur journal par cette page, qui a longtemps été réservée aux informations de dernière heure, la DH ! Un emplacement stratégique. Il fonctionne comme un marqueur de l'identité que chaque titre veut affirmer : *Libération* a choisi depuis 1981 de publier un portrait très écrit à cette place de choix ; *Le Parisien*, pour afficher sa vocation de proximité, a décidé d'y installer une page Météo étoffée et un horoscope ; *Le Figaro* choisit donc à l'époque les « autoroutes de l'information ».

Le test des petites annonces

Une audace qui s'est révélée difficile à tenir. Le multimédia mérite-t-il une telle exposition ? L'incompréhension ou les protestations des lecteurs, ainsi que les difficultés à garnir cet espace privilégié, ont raison de cette audace. Au bout de quelques mois, l'actualité du numérique réintègre sagement le corps du journal à une place moins en vue. Et, signe que le doute s'installe sur le potentiel de ce nouveau média, le site lefigaro.fr sera mis en sommeil quelques mois plus tard. Le fonds Carlyle, qui avait pris le contrôle du titre, trouvait que cette diversification coûtait bien cher et que son avenir était bien hasardeux. *Le Figaro*, qui traverse alors une période transitoire entre l'ère Hersant et le rachat par Serge Dassault, a perdu un temps précieux face à son concurrent du *Monde*. Mais pas sur tous les plans.

Car, dans les services des petites annonces, l'Internet est clairement perçu comme un outil d'avenir. Déjà, les revenus du 3617 Cadremploi sont devenus significatifs dans une maison où le poids des petites annonces est historiquement considérable. Dans le journal du lundi, *Le Figaro* est alors vendu avec deux cahiers d'offres d'emploi de 64 pages chacun ! À elles seules, elles représentent 75 % des recettes publicitaires dans les années 2000.

Le groupe est face à un choix cornélien. Faut-il défendre coûte que coûte les petites annonces sur papier qui rapportent tant ? Ou faut-il au contraire accepter par réalisme de créer une propre concurrence au papier, en amplifiant encore l'effort réalisé sur le Minitel, et miser massivement sur ce nouvel Internet ? C'est ce dernier choix, judicieux, qui a été fait, sous l'influence décisive d'Yves de Chaisemartin et de Cyrille Duval. Le groupe a ainsi bâti une activité puissante de petites annonces *online*, qui revendique aujourd'hui la première place de ce marché, avec des marques comme

Cadremploi, Keljob ou Figaro Immo, nouveau nom d'Explorimmo. Une diversification bienvenue que des concurrents comme *Le Monde* ou *L'Express* ont abandonnée avec le déclin du papier, faute d'argent pour les développer, ou faute de vision.

« *Le Monde* » *face au* « *Figaro* »

Le débat autour de l'Internet fait rage dans les journaux, avec de bons arguments des deux côtés. Les directions estiment qu'il faut absolument se lancer dans le digital, qui, de toute façon, viendra concurrencer tôt ou tard le papier. Autant récupérer d'une main ce que l'on perdra inévitablement de l'autre. Les journalistes pensent au contraire qu'il faut défendre à tout prix les positions du papier et résister à cette agression numérique en ne cédant pas un pouce de terrain. Il faudra attendre 2005 pour que *Le Figaro* relance son site. Entre-temps, Serge Dassault a racheté le groupe. Son âme d'entrepreneur et sa formation d'ingénieur le poussent à en faire une priorité. Il sait aussi faire confiance à ses managers qui le pressent d'accélérer le pas.

Poussé par la direction du *Figaro*, l'homme de ce renouveau n'est pas un journaliste, mais le patron de la régie qui vient de RTL. Pierre Conte est à l'origine un publicitaire passé par *L'Expansion* et Canal+, dont la sensibilité aux contenus éditoriaux est bien connue. Il a de qui tenir. Il est le fils d'Arthur Conte, qui fut président de l'ORTF, et le frère de Dominique Bona, écrivaine, huitième femme élue à l'Académie française en 2013. Quelques années plus tard, il deviendra d'ailleurs éditeur, en prenant la tête d'Editis, un groupe puissant aux marques prestigieuses : Plon, Perrin, Robert Laffont, 10/18 ou Le Robert. Au *Figaro*, Pierre Conte va s'atteler à ce difficile chantier numérique. *Le Monde* a pris de l'avance. Il faut le rattraper, voire le dépasser. Ce sera chose faite trois ans plus tard, avec la conviction que, pour faire un site d'information performant, il faut « un tiers de journalisme, un tiers de marketing et un tiers de technologie ».

Côté rédaction, ce rattrapage va se bâtir autour d'une première idée forte. Se différencier du *Monde* qui a misé sur la profondeur de l'information. *Le Figaro* choisit de donner clairement la priorité à la réactivité du Web. À l'époque, l'Internet est principalement conçu et imaginé comme un nouveau support de la presse quotidienne. Il permet de s'affranchir de la limitation de l'espace, en publiant des articles très longs qui ne peuvent trouver leur place dans un journal papier à la pagination contrainte. Le Web est aussi très commode pour donner accès aux archives ou à des contenus thématiques exhaustifs. La comparaison avec la réactivité des médias « chauds » comme la radio est à l'époque beaucoup moins évidente. C'est cette carte qui va donc être jouée par lefigaro.fr, au travers d'un transfuge symbolique. Pour diriger le site, un rédacteur en chef d'Europe 1 va être embauché. Laurent Guimier incarnera ce choix pendant ses deux années marquantes passées boulevard Haussmann.

La radio comme modèle

Il faut imaginer un site souple et réactif capable de mettre en avant une information urgente aussi facilement que de prendre l'antenne sur une radio ou une télévision, s'il survient un événement important. Le site de l'époque ne le permet pas. La maquette est figée et ne peut accueillir que des textes longs. Or il faut pouvoir annoncer une nouvelle urgente par un simple titre. Laurent Guimier va trouver la bonne formule chez Schibsted, le grand groupe de presse scandinave qui détenait à ce moment-là 50 % de *20 minutes*. L'idée est de concevoir un site déroulant, constitué d'une succession de contenus les uns au-dessus des autres, par ordre antéchronologique. Seul *20 minutes* a adopté cette architecture. À l'automne 2006, lefigaro.fr la reprend à son tour. Elle deviendra la norme de tous les sites et, plus encore, de la plupart des applis mobiles. Se développeront aussi des *live* sur le même modèle : pour un événement qui se prolonge plusieurs heures ou plusieurs jours (élections, attentats, manifestations, inondations), lefigaro.fr propose un article déroulant qui permet de rendre compte minute par minute de ce qui se passe. La version numérique des *breaking news*, institutionnalisées par CNN puis BFMTV en France. C'est d'ailleurs une idée qui vient de loin. Trois semaines après sa création, Europe n° 1 avait ainsi proposé la première formule du « priorité au direct ». C'est le 17 janvier 1955, la Seine déborde à Paris. « Nous faisons de l'information permanente avec des moyens ridicules, a raconté Maurice

Siegel[2], le patron de la station. Deux magnétophones portatifs, des Nagra et une paire de bottes en caoutchouc. Nous avions acheté une grande pointure – du 46 –, ce qui permettait le relais de Pierre Laforêt (41) et Pierre Molteni (45). » La radio, encore la radio, toujours la radio reste alors la première source d'inspiration du Web. L'un et l'autre sont deux médias chauds et interactifs.

Le Web face au « print »

Évidemment, cette stratégie, fondée sur la réactivité et l'actualité immédiate, oblige à prendre quelques libertés avec les contenus traditionnels du *Figaro*. Le Web privilégie l'information permanente, les faits divers, le sport, le people, la météo, alors que le quotidien reste fidèle à sa vocation de journal de référence qui se veut, selon la formule de Nicolas Beytout, son directeur de l'époque, « à la fois ouvert et engagé, libéral et européen[3] ». Étienne Mougeotte, son successeur à partir de 2007, le martèlera à son tour : « Nous sommes un journal de droite et nous l'exprimons d'ailleurs de manière très claire[4]. »

Il y a comme un grand écart entre la ligne engagée du quotidien et le parti pris grand public du site qui doit lui permettre d'accéder à une audience plus large.

2. Maurice Siegel, *Vingt ans, ça suffit !*, Plon, 1975.
3. *Le Figaro*, éditorial, 3 octobre 2005.
4. Interview accordée au *Journal du dimanche*, 10 février 2012.

Le secret de la réussite du *Figaro* sur le digital est là. Le mérite de Pierre Conte est de l'avoir compris et proposé à la rédaction, qui l'a soutenu. Comme on le dit alors boulevard Haussmann, « si la ligne du *Figaro* est celle d'*Atlantico* ou de *Valeurs actuelles* sur le Web, le site aura l'audience d'*Atlantico* ou de *Valeurs actuelles* ». Or la stratégie arrêtée à l'époque était bien de jouer les premiers rôles et d'aller challenger *Le Monde* avec des audiences massives. Le prix à payer est de faire augmenter le lectorat traditionnel pour aller chercher un public plus jeune, moins ciblé et moins engagé.

C'est finalement la culture maison héritée de Robert Hersant qui a permis d'imposer cette double ligne. Les hommes de marketing disaient à l'époque qu'on pouvait « streitcher la marque », comprenez qu'on pouvait l'élargir pour toucher des publics plus différenciés. C'est exactement ce qu'a imaginé, réalisé et réussi Robert Hersant sous son règne de près d'un quart de siècle à la tête du *Figaro*. À sa création en 1978, *Le Figaro Magazine*, dirigé par Louis Pauwels, propose une ligne plus radicale et plus laïque que celle du quotidien. De même, le *Fig Éco*, rebaptisé plus tard *Figaro Économie* avec son papier saumon, a été conçu en 1986 pour être plus libéral que le quotidien. L'objectif de ses patrons successifs (de Philippe Vasseur à Gaëtan de Capèle) était de séduire les milieux d'affaires et les épargnants. *Le Figaroscope* va plutôt chercher les plus jeunes et plus tard les bobos, *Madame Figaro* les femmes contemporaines et *Le Figaro TV* un public très populaire. Cette stratégie s'illustre dans le slogan publicitaire d'alors : « Un journal, des journaux. »

Chaque publication a son identité, mais partage avec les autres un même ADN, celui du *Figaro*. Comme dans une grande famille. Lefigaro.fr avec sa ligne politiquement moins engagée et plus grand public a pu trouver sa place dans cet ensemble. Un mouvement qui ne va pas de soi.

Des contenus différenciés

La neutralité politique du site est d'ailleurs perçue par une partie des journalistes (et des lecteurs) comme une capitulation douce dans la bataille des idées, une concession inutile à l'unanimisme ambiant, qui risque d'entraîner une banalisation du titre. Et il est vrai que, pendant le quinquennat de François Hollande par exemple, les différences de tonalité entre le « print » et le digital sont parfois criantes. Sur la politique économique, chaudement encouragée par Serge Dassault, le quotidien et le magazine mènent le combat pour la baisse des charges, contre les 35 heures, l'ISF ou l'explosion de la dépense publique, alors que le site s'en tient à une couverture exclusivement factuelle et neutre. Lors des défilés contre le « mariage pour tous » en 2013, le quotidien avait choisi son camp, pas le site internet. Le choix d'une ligne moins clivante sur le digital était bien sûr une nécessité en termes d'audience. Impossible d'occuper les premières places sans viser un public élargi, qui va bien au-delà du lectorat traditionnel du *Figaro*. Il faut pouvoir être lu par des internautes-électeurs allant de Manuel Valls à Marine Le Pen. Pour faire vivre cette ligne, le site va lancer en 2013 une émission de débats coproduite avec *Le Nouvel Observateur*. Diffusé sur les deux sites, « Le Clash » oppose chaque semaine Guillaume Roquette et Renaud Dély, respectivement les directeurs des rédactions du *Figaro Magazine* et de *L'Obs* de l'époque. Néanmoins, pour rassurer les internautes tenants d'une ligne plus clairement affirmée à droite, Alexis Brézet, le nouveau directeur des rédactions à partir de 2012, lancera avec succès sur le digital « FigaroVox », une rubrique idéologiquement très marquée.

Le lapsus de Dati

Outre l'engagement politique, d'autres différences sautent aux yeux entre le « print » et le Web. Certains sujets très prisés des internautes font l'objet d'un traitement plus discret dans le journal papier. Il s'agit des polémiques qui font le buzz et que les rédactions ne traitent qu'avec recul et/ou discrétion sur le papier, alors qu'elles peuvent enflammer leur propre site. *Le Monde* a ainsi réalisé des records d'audience avec une interview en vidéo de Rachida Dati. En septembre 2010, elle fait un malheureux lapsus sur Canal+ où elle parle de « fellation » au lieu d'« inflation ». En voulant défendre des grévistes de Lejaby, elle s'indigne contre les fonds d'investissements étrangers « qui réclament une rentabilité de 20-25 % avec une fellation quasi nulle… ».

On retrouve les mêmes différences d'approche entre le « print » et le Web sur les faits divers. Sur la Toile, ils suscitent une curiosité insatiable. On l'a vu avec la disparition de Xavier de Ligonnès et le meurtre non élucidé de sa femme et de ses quatre enfants en 2011. On l'a vu aussi fin 2017 avec les affaires Nordahl Lelandais, suspecté d'avoir assassiné la petite Maëlys, et Jonathann Daval, accusé du meurtre de sa femme. L'audience phénoménale des articles sur ces faits divers incite les rédactions digitales à les multiplier en apportant chaque jour un nouvel épisode, à la manière des séries les plus accrocheuses de Netflix. Aucun site n'échappe à cette tentation, diront les uns, à ce « poison », diront les autres. Y compris ceux des « *quality paper* » (*Le Monde*, *Le Figaro*, *Le Point*). Sur le « print » en revanche, ces affaires font plutôt les bas de page. Les lecteurs ne comprendraient pas qu'il en soit différemment. À tort ou à raison, les faits divers sont perçus comme des marqueurs de la presse populaire. Il faut que le temps fasse son œuvre, avant que les quotidiens papier de référence ne s'emparent de telles histoires, comme les affaires Dominici, Petiot ou Seznec.

Le rap, Nabilla, etc.

On retrouve les mêmes préventions de la presse écrite pour tous les sujets people. De fait, on peut parier que ni les lecteurs exclusifs du *Monde* ni ceux du *Figaro* n'ont entendu parler de Nabilla, dont les frasques ont fait les délices de l'ensemble des sites d'information. Qui se souvient d'ailleurs que le site à avoir publié la première vidéo de Nabilla (« Non, mais allô, quoi ? ») est… lefigaro.fr ! Une « pépite » découverte par le responsable des sujets people. Cette vidéo restera longtemps parmi les plus vues de l'histoire du site. De même que les articles consacrés à cette même Nabilla, lorsqu'elle a été soupçonnée d'avoir poignardé son compagnon en 2014. La téléréalité s'est transformée, au *Figaro* comme ailleurs, en un véritable filon. Mais pas un mot dans le journal. De même, lorsque lefigaro.fr lance une émission sur les arts et les spectacles, elle en confie l'animation au patron de la vidéo du journal, qui se trouve être aussi un ancien de NRJ12. Son premier invité sera Patrick Bruel, un peu surpris de se retrouver là.

Autre exemple frappant de cette douce « schizophrénie », les violences entre rappeurs et les polémiques qu'elles entraînent. Le 11 mars 2013, la rixe dans une salle de sport de Miami entre Booba et la Fouine a pris des allures de phénomène. Les images de vidéosurveillance ont connu un retentissement inouï. Cinq ans plus tard, le 1er août 2018, la bagarre rangée dans une aérogare d'Orly entre le même Booba et Kaaris a incité *Le Figaro* comme ses concurrents à proposer une couverture à épisodes sur l'événement et l'incarcération des deux protagonistes. Il faut qu'un événement people accède au statut de phénomène de société pour qu'il ait droit de cité dans les quotidiens de référence. C'est le cas de la mort de Johnny Hallyday. Mais il y a, entre ces deux extrêmes, des cas beaucoup plus délicats.

En fin d'après-midi du 9 janvier 2014, la rédaction du *Figaro* apprend par une indiscrétion que le magazine people *Closer* s'apprête à faire des révélations fracassantes sur la vie privée du président François

Hollande. Il aurait pris l'habitude de retrouver la comédienne Julie Gayet dans un appartement discret près de l'Élysée, rue du Cirque, où il se rend d'un coup de scooter, coiffé de son casque devenu fameux. Par principe, un quotidien comme *Le Figaro* affiche une prudence de chat sur ce genre d'affaires. Pas question de s'intéresser aux secrets d'alcôve d'un personnage public, et encore moins d'un président ; pas question non plus de « salir » la fonction par des révélations scabreuses. Les lecteurs ne le comprendraient pas. C'est vers 22 heures que le contenu de l'article de *Closer* se précise. Évidemment, pas une ligne ne sortira dans *Le Figaro* du lendemain, qui boucle pourtant au même moment. Sur le digital, l'embarras est évident. Il ne fait aucun doute que le sujet, une fois public, prendra des allures de tsunami sur la Toile. Impossible dans ces conditions de l'ignorer. D'ailleurs, les digues ne tiendront pas dix minutes. La nuit se passe, le temps de se procurer le magazine. La rédaction se met au travail. Plus d'une dizaine d'articles sont préparés, prêts à être publiés, mais la décision de les mettre en ligne n'est pas prise. Difficile d'être celui qui allume la mèche. Certains sites commencent à évoquer « l'affaire » *mezza voce*. C'est finalement Europe 1 dans son journal de 7 heures qui sera le plus explicite. Tout le monde suit. L'audience digitale explose. Le lendemain, le quotidien s'en tiendra à un traitement distancié d'environ une page.

La télé s'intéresse enfin au digital

C'est précisément parce que les grands titres de la presse écrite ont su s'adapter et apprivoiser ce nouveau média au prix de quelques concessions qu'ils ont conquis les premières places sur le marché de l'information en ligne. Vingt ans après les débuts du Web, et dix ans après cette compétition dominée par *Le Monde* et *Le Figaro*, on constate qu'au global les sites de presse écrite restent leaders du marché. Outre *Le Parisien* et *20 minutes*, les sites issus des hebdomadaires se sont hissés à leur tour dans le top 10 : *L'Express*, *Le Point* et *L'Obs*. Et l'on retrouve cette suprématie du papier dans le sport avec *L'Équipe*, qui domine très largement ses concurrents Eurosport et RMC Sport. *Les Échos* est lui aussi le leader incontesté des sites économiques devant BFM Business, avec une offre plus grand public que ne l'est le journal papier.

Mais on sent bien que si la saison 1 de la digitalisation a été nettement remportée par la presse écrite, la saison 2 s'annonce plus ouverte avec la montée en puissance des sites issus des chaînes de télévision d'information permanente. Les progrès de la 3G, de la 4G et bientôt de la 5G permettent de transmettre les images aussi facilement que le texte. France Info, BFMTV et, dans une moindre mesure, LCI en profitent logiquement avec un volume de vidéos impressionnant. Quand on observe la situation dans les grands pays comparables, les sites issus de l'audiovisuel ont pris peu à peu le dessus pour occuper désormais les premières places. CNN est la première marque d'info sur le numérique avec 166 millions de visiteurs uniques, tous supports confondus[1]. La BBC arrive à la deuxième place avec 161 millions. Suit le HuffPost Global, 115 millions. Le premier journal papier est *The New York Times*, qui occupe la quatrième place avec 112 millions de visiteurs uniques. En France, les leaders atteignent mais dépassent rarement les 20 millions de visiteurs uniques. On voit bien la montée en puissance des télévisions se confirmer face à la presse écrite. Un nouveau match se prépare.

Qu'il est loin le temps où Nonce Paolini, patron de la chaîne de Bouygues jusqu'en 2016, assenait que « quand on est TF1, on n'a pas besoin d'aller sur le digital ».

1. ComScore Multi-Platform Media Metrix Worldwide Rollup, juin 2018.

Chapitre VI

LES CINQ RÉVOLUTIONS NUMÉRIQUES

La concurrence du digital n'a cessé de changer de forme. L'évolution technologique a donné le *la*. Rien de commun entre les premiers sites d'information et nos applis d'aujourd'hui. Les usages se sont adaptés, au rythme des innovations qui n'ont cessé d'apparaître, tant chez les opérateurs téléphoniques et les fournisseurs d'accès que chez les fabricants de téléphones et de smartphones.

C'était il y a plus de vingt ans ! C'était il y a un siècle. À partir de 1995, on ne parle pas de convergence entre l'informatique, l'Internet et les télécoms. Les FAI (fournisseurs d'accès internet) s'appellent alors FranceNet, Wanadoo, AOL ou Club Internet. Les ordinateurs viennent de chez Compaq ou Hewlett-Packard. On ne jure que par les téléphones portables de Motorola ou Nokia. Les PDA (*personal digital assistants*) représentent le comble de la modernité. Ce sont des agendas électroniques qui combinent les fonctions de téléphone, comme ceux de BlackBerry. Après l'éphémère Bi-Bop, le service mobile de France Télécom a été baptisé Itineris, à sa création en 1992.

L'opérateur public a tout fait pour retarder l'émergence de l'Internet dans l'espoir d'épargner le Minitel. Peine perdue ! Bouygues Télécom est aussi devenu le troisième opérateur en 1994, après SFR, en attendant Free mobile en 2009.

La révolution de l'Internet fixe

C'est donc dans ces années 1995-1996 que naissent, comme on l'a vu, les premiers sites d'information, uniquement accessibles sur PC. Les contenus sont forcément aléatoires, les stratégies hésitantes et les audiences faméliques. En 1998, le jour où l'équipe de France est sacrée pour la première fois championne du monde de football, *Le Monde* enregistre avec satisfaction un pic d'audience de… 50 000 connexions ! À comparer aux 5 ou 6 millions de visiteurs uniques pour la victoire des Bleus en juillet 2018 sur un grand site. C'est cent fois plus ! Très vite, un quasi-consensus se dégage chez les éditeurs. L'Internet sera gratuit ou ne sera pas. La tentation est grande de garnir les sites d'articles déjà rédigés pour les supports écrits. Et très vite, on trouvera sans bourse délier sur le Web ce que l'on paie en achetant le journal. Un choix aberrant qui coûtera cher à tout le monde. Mais personne n'ose facturer, pour ne pas prendre le risque de voir l'audience naissante partir chez le concurrent gratuit. Et plus les journaux sont en retard sur ce nouveau marché, plus ils ouvrent grand les vannes. Un mouvement mortifère que l'on mettra des années à corriger.

Les journalistes découvrent à leur tour la pression de l'information permanente, les joies et les contrariétés de l'interactivité. Les internautes se mettent à réagir aux articles publiés, à donner leur avis spontanément, sans le filtre des rédacteurs. Une vraie révolution, mais un cadeau empoisonné pour les éditeurs qui voient arriver des milliers de commentaires par jour, d'une qualité inégale, parfois constructifs, mais souvent injurieux, diffamatoires ou racistes. L'anonymat autorise tous les excès. Impossible de tout lire avant de mettre en ligne. Cela prendrait des heures. Or tout l'intérêt de l'interactivité est précisément l'ouverture à tous et l'instantanéité de la publication.

Pour faire face, les grands sites sous-traitent ce qu'on appelle pudiquement la « modération des commentaires » à des sociétés implantées souvent loin de nos frontières. À l'aide de logiciels et d'un cocktail de mots-clés interdits, ils traquent les commentaires litigieux. Par principe, tout est publié d'office. Le contrôle n'intervient que *a posteriori*. Les commentaires hors la loi déjà publiés sur le site disparaissent au bout de quelques minutes. Les internautes les plus vindicatifs et les plus provocateurs crient facilement à la censure. Les incidents sont quasi quotidiens. Il s'agit juste de ne pas publier des contributions qui tombent sous le coup de la loi. Les habitudes changeront avec Twitter et Facebook qui se substitueront à cette forme d'interactivité incontrôlable. On pouvait compter jusqu'à un million de commentaires par mois sur lefigaro.fr ! Un soulagement pour les rédactions qui ne seront plus comptables des propos les plus excessifs déposés sur leur site.

D'étonnants records d'audience

Le Web permet aussi d'avoir une idée précise des centres d'intérêt des internautes. Les sujets les plus lus et les articles les moins prisés. Les instruments de mesure sont partout. On sait à l'unité près combien d'internautes ont ouvert chaque article publié. Dans un premier réflexe, les journalistes ont trouvé bien commode d'écrire sans limitation de place sur ce média délivré de toute contrainte. Ils vont vite découvrir que les meilleurs scores ne sont forcément pas réalisés par les sujets les plus nobles. Le record d'audience d'une vidéo du *Parisien* a été longtemps celle qui suivait plusieurs rats dans une poubelle. C'est la loi du genre. L'anecdotique l'emporte souvent sur l'essentiel, les stories, les faits divers, la météo sur les grandes questions politiques et géopolitiques, la consommation et la vie pratique sur la macroéconomie. Les rédactions de l'ancien monde ne sont pas au bout de leurs surprises.

Comme on l'a dit, les débuts de l'Internet rappellent irrésistiblement ceux d'un autre média qui a inventé l'interactivité à une époque où le mot n'existait pas encore : la radio. Couplées au téléphone, les « antennes périphériques » vont se nourrir du dialogue permanent avec leurs auditeurs dans les émissions d'information, mais aussi de divertissement. Comme souvent, Europe n° 1 jouera les défricheurs en devenant, sans le savoir, le premier réseau social. Les auditeurs commenceront à être accueillis sur l'antenne en direct à partir de… 1958, à l'occasion de la première campagne législative de la Ve République, au mois de novembre. Ils sont invités à échanger avec les responsables politiques du moment. Et ils ne s'en privent pas. Devant le succès de la formule, ces dialogues sont systématisés tous les jours dans « Europe Midi », le journal de la mi-journée, présenté par Jacques Paoli. Son fils Stéphane reprendra la formule avec le même succès dans les années 1990 à la même heure. Le standard est tenu par des jeunes gens. Les questions sont directes, parfois agressives. « Si nous avions prétendu exercer une quelconque censure, les étudiants chargés d'enregistrer les coups de téléphone n'auraient pas manqué de le faire savoir au *Canard enchaîné* ou à *Minute* », raconte Maurice Siegel, le premier patron d'Europe n° 1[2]. En septembre 1968, quelques mois après les « événements », une émission spéciale est organisée avec Edgar Faure, ministre de l'Éducation nationale. Cette fois, Europe n° 1 demande aux auditeurs d'envoyer leurs questions par écrit. Des sacs postaux renfermant 10 000 lettres s'entassent rue François Ier. Il faudra en choisir une trentaine. Le ministre prendra l'antenne à 20 heures et la quittera à 23 heures, une fois l'essentiel des questions traité.

Les concurrents suivront le même mouvement. Lorsque Jean Farran, rédacteur en chef de *Paris Match*, débarque le 19 septembre 1966 rue Bayard, c'est pour transformer Radio Luxembourg en RTL. « On va vous montrer ce qu'est la radio, dit-il à son prédécesseur. Il faut supprimer vos feuilletons, vos émissions enregistrées. Les réalisateurs ne servent à rien,

2. Maurice Siegel, *Vingt ans, ça suffit !*, *op. cit.*

virez-les ! On va faire du direct[3]... » C'en est fini de la radio-spectacle. Exit le « Quitte ou double », la « Famille Duraton » et... la messe des malades[4]. Toute sa grille est une suite de programmes que l'on qualifierait aujourd'hui d'interactifs. On joue le rajeunissement et la proximité : de « Stop ou encore » à Ménie Grégoire en passant par « Les routiers sont sympas » de Max Meynier, « RTL dépannage » de Jean Bardin et le « Hit-parade » d'André Torrent. Les auditeurs sont invités à passer à l'antenne grâce au téléphone et à devenir de véritables acteurs des programmes, pour voter pour une chanson, confier un problème personnel ou donner une indication sur l'état des routes. La grille est construite autour de l'obsession de Jean Farran : « Qu'en pense Mme Léon ? », la patronne du café de la rue Bayard. Après le divertissement, l'information suivra le mouvement avec « Les auditeurs ont la parole » toujours sur RTL en 1985.

La révolution des smartphones

Avec l'arrivée des smartphones, la comparaison avec la radio est encore plus frappante. Les mobiles vont introduire une révolution comparable à celle du transistor lorsqu'il est apparu en 1954. Ce sera la deuxième révolution numérique après celle de l'Internet fixe.

3. Jean-Pierre Defrain, *RTL, 40 ans ensemble*, Calmann-Lévy, 2006.
4. Jean-François Remonté et Simone Depoux, *Les Années radio (1949-1989)*, Gallimard, coll. « L'Arpenteur », 1989.

Avant les transistors, les premières radios étaient quasiment des meubles. On les écoutait souvent à plusieurs sur de gros récepteurs grandes ondes/petites ondes/ondes courtes que l'on réglait avec un cadran à aiguille. Les programmes étaient conçus pour ce type de consommation familiale : des feuilletons, des jeux, des histoires, de l'histoire, des émissions à grand spectacle (« Vous êtes formidable » de Pierre Bellemare). Avec le transistor, la radio devient un média d'accompagnement qui vous parle personnellement et vous rend service.

De la même manière, après les premiers ordinateurs à la maison, utilisés par tous les membres du foyer, le mobile devient une affaire personnelle. Le transistor a permis d'écouter la radio en mobilité : en voiture, dans la cuisine, à la maison ou sur son lieu de travail. De même, le mobile va radicalement modifier les comportements dès son lancement. Chacun y sélectionne ses applis, son agenda, son carnet d'adresses et ses grands et petits secrets suivant ses centres d'intérêt. C'est l'iPhone qui va introduire cette révolution des usages. Certes, Apple n'a pas inventé le smartphone, qui existait avant lui, mais son mérite a été d'en faire un objet du quotidien très abouti, aussi indispensable qu'une montre. Il sera donc copié par tous ses concurrents, sud-coréens (Samsung) et chinois (Huawei). En moins de dix ans, le cap du milliard d'appareils vendus a été franchi (en juillet 2016). Début 2018, il se vendait près de 10 iPhone toutes les secondes dans le monde. Toutes marques confondues, on compte 4 milliards de terminaux connectés. Les experts tablent sur 6 milliards en 2022. On estime qu'aujourd'hui, un quart de la consommation médiatique mondiale passe par ces téléphones mobiles !

L'ère des « applis »

L'iPhone a pris une telle place dans nos vies qu'on peine à réaliser que c'est un objet finalement assez récent. Lorsque Nicolas Sarkozy devient président de la République, il n'existe pas encore… Il est commercialisé aux États-Unis en juin 2007 puis en France en novembre de la même année. Au lancement, comme souvent, le scepticisme est de rigueur. Piqué de voir ce nouveau téléphone se connecter à Internet, Steve Ballmer, le patron de Microsoft de l'époque, ne donne pas cher de sa peau : « Il n'y a aucune chance que l'iPhone capte une part importante du marché du mobile. » Pour les médias, la vraie révolution n'aura lieu qu'un an plus tard. Le lancement en mars 2008 de l'App Store va déboucher sur la création des fameuses « applis », qui vont donner un coup de vieux aux sites fixes. L'innovation est telle qu'elle va, à son tour, tout balayer sur son passage. Le mobile est beaucoup plus qu'un site internet portatif. On le découvrira progressivement.

La première différence avec l'ordinateur est la fréquence d'utilisation. Avec un poste fixe, l'audience des sites d'information se réalise aux heures de bureau avec un pic à 9 heures lorsqu'on se connecte en arrivant sur son poste de travail, puis à l'heure du déjeuner, le soir à 18 heures puis avant de se coucher. Avec le mobile, la consultation va devenir de plus en plus compulsive.

Chaque utilisateur ouvre son portable 26 fois par jour s'il est un adulte, 50 fois s'il est plus jeune. C'est souvent l'un des premiers gestes au réveil. Il est ensuite utilisé tout au long de la journée, de sorte qu'en moyenne un mobinaute reste aujourd'hui deux heures par jour sur son téléphone. Le groupe de Mark Zuckerberg truste les quatre premières places des applis préférées des Français (en nombre d'utilisateurs) : Facebook, Facebook Messenger, Whatsapp et Instagram. Suivent Snapchat, Waze (propriété de Google), Shazam (racheté par Apple en 2017), Le Bon Coin, Amazon et Netflix[5]. Les applis d'info apparaissent dans les classements à partir de la 25e place. Elles sont répandues, mais une partie non négligeable du marché (près des trois quarts) s'en passe… D'après les dernières études[6], sur les 40 millions de possesseurs de smartphones en France, 33 millions l'utilisent au moins une fois par jour pour toutes sortes de choses (téléphoner, envoyer des messages, ouvrir des applis) ; 11 millions s'informent avec leur mobile.

La taille de l'écran rend fastidieuse la lecture de textes trop longs. Les articles vont donc se réduire peu à peu. Mais le mouvement est lent, car les contenus disponibles sur smartphones sont les mêmes que ceux proposés sur les sites fixes et parfois sur les supports papier. L'hyperréactivité des applications va faire un bond en avant avec le lancement des alertes infos. Mais les éditeurs sont schizophrènes. D'un côté, ils cherchent à pousser leur avantage en développant le

5. Étude App Annie, janvier 2019.
6. Médiamétrie, Internet global, août 2018.

mobile, qui est le « *device* » d'avenir. Mais, d'un autre, ils constatent que la publicité sur ordinateur fixe est beaucoup plus rentable. La taille de l'écran permet une plus grande créativité et un meilleur impact pour les annonceurs. Il faut attendre 2014 pour que l'audience mobile égale puis dépasse l'audience du fixe.

La révolution de l'image

S'il y a un patron de presse qui ne se pose pas ce genre de questions, c'est Alain Weill. Après avoir sauvé RMC du naufrage, le patron de NextRadioTV s'est engagé dans un pari fou qu'il a gagné : faire de BFMTV une télévision gratuite d'information permanente. Il capte aujourd'hui autour de la moitié du marché, loin devant LCI, CNews et France Info. Poussé par une forte dynamique depuis le lancement de la chaîne, et inspiré par l'exemple de CNN, il réfléchit déjà aux étapes suivantes et ne pense qu'au mobile. Il en est convaincu, le téléphone de chacun a vocation à devenir un téléviseur de poche.

Son intuition s'est vérifiée lors des attentats du 13 novembre 2015 à Saint-Denis, au Stade de France et dans les rues de Paris. Dans la semaine qui suit, 400 000 mobinautes téléchargent l'appli BFMTV, non pour lire les textes du site, mais bien pour suivre le programme de la chaîne sur leur téléphone. Preuve, s'il en était besoin, que l'avenir d'une chaîne d'info passe aussi par le digital. La montée en puissance des réseaux, le développement de la 4G rendent la transmission des images de plus en plus rapide. Une matière bien précieuse pour un futur site d'information… L'autre calcul d'Alain Weill et de son bras droit Damien Bernet est de faire une quasi-impasse sur l'Internet fixe, même si, à l'époque, ce dernier génère 80 % des recettes publicitaires des sites. Le groupe est trop en retard et le marché ne sera bientôt plus là. Autant ne pas s'entêter et passer directement à la révolution suivante, en misant tout de suite et massivement sur le mobile.

Nous sommes au début des années 2010. Les sites leaders d'information issus de la presse écrite s'interrogent sur la manière d'enrichir leurs contenus avec ces images d'actualité qu'ils ne produisent pas et qui leur manquent cruellement. Comment se les procurer ? Et à quel prix ? Pour faire connaître sa marque auprès des internautes, Alain Weill va proposer aux grands sites d'information de presse écrite bien calés aux premières places de leur fournir quasi gratuitement les images de BFMTV. Une mise en avant qui permet d'installer dans les esprits la chaîne comme la référence de la vidéo d'actu sur toute la Toile. Une pierre de plus dans le jardin de ses concurrents (à l'époque I-Télé et LCI) qui sont déjà distancés. En fait, une belle campagne de pub gratuite ! Pendant que *Le Figaro* ou *Le Parisien* comblent leurs lacunes avec les images d'Alain Weill, ce dernier doit, lui, faire le chemin inverse et se doter d'une rédaction qui produira les textes de son site d'information. Une nouvelle concurrence se profile. L'ambition affichée par Alain Weill est clairement de viser la première place sur le podium des sites d'info. À l'image des sites des chaînes américaines. Et signe que le match est bien lancé, BFMTV fermera en 2015 le robinet des images aux sites concurrents. Une décision qui claque comme une menace terrible pour la presse, qui aura tressé la corde avec laquelle on finira peut-être par la pendre.

Les limites de la télé sur le Web

Très tôt, des sites comme *Le Figaro* ont bien senti que leur talon d'Achille était la vidéo. La plupart des journaux se sont dotés de studios de télévision pour produire quelques émissions ou réaliser des interviews avec leurs journalistes ou des invités. C'est un premier pas bien utile. Une manière aussi de se familiariser avec un nouveau métier. Le « Talk Orange-*Le Figaro* » est lancé en 2006. Un vrai succès. Le premier invité est le Premier ministre François Fillon. L'audience est faible sur la Toile (3 000 à 4 000 vues à comparer aux 8 millions d'un 20 heures de l'époque), mais les invités se bousculent dès le premier jour, surtout appâtés par le compte rendu de l'émission le lendemain dans le journal. Le papier garde ses lettres de noblesse. Ce type d'émission de talk se multiplie et atteint assez vite ses limites.

D'abord, parce que ces programmes empruntent exclusivement aux standards de la télévision, mais avec des moyens limités : « C'est de la télé à la bougie », tranche alors cruellement un professionnel du petit écran. De même qu'on ne fait pas de la télévision à la radio, on ne doit pas faire de la télévision sur le Web. Il faut inventer une écriture, un ton, un rythme original qui soit adapté à ce nouveau média, qui a ses règles propres, car il se consomme différemment de la télévision... Impossible de plaquer les recettes du média d'à côté. Or c'est ce que font les quotidiens : de la télé sur le Web. Les chaînes de télévision, quant à elles, introduisent peu à peu des modules qui s'éloignent de leur savoir-faire d'origine, pour adopter cette grammaire propre au digital. France Info à sa création en août 2016 fait preuve d'une audace et d'une créativité remarquées avec un site pensé d'abord et avant tout pour le smartphone.

De son côté, BFMTV lance sur les réseaux sociaux des formats carrés de vidéos sous-titrées. Tout simplement parce que la vidéo sur mobile et sur Facebook se regarde sans son, et qu'elle doit se partager. Il faut donc élargir la ligne éditoriale. Sur les sites de presse, le potentiel d'audience de morceaux choisis dans les interviews produites dans un petit studio est bien insuffisant. Trop institutionnel, trop sage, trop ennuyeux, trop conventionnel, trop long ! En retard d'une guerre ! Il faut pouvoir proposer des sujets plus mordants, plus originaux, plus disruptifs. Et surtout, les internautes demandent les images des grands sujets d'actualité du jour. Les quotidiens, si puissants soient-ils, ne peuvent suivre ! Les images d'actualité, c'est un métier à part entière : celui d'une chaîne de télévision d'information permanente comme BFMTV qui emploie 300 journalistes et produit jusqu'à 300 vidéos par jour.

Ces images sont pour la plupart produites par la chaîne avec des moyens de plus en plus souples et légers. BFM Paris, lancée en 2016 sur le créneau de l'info de proximité, innove en réalisant des reportages avec un simple iPhone adapté sur un socle *ad hoc.* Les mobinautes sont aussi de plus en plus nombreux à avoir le réflexe de sortir leur smartphone lorsqu'ils sont témoins d'un événement. Ce fut le cas par exemple le 7 janvier 2015, lors de l'attentat contre *Charlie Hebdo*, avec une vidéo captant la fuite des frères Kouachi. Il n'y a pratiquement plus d'événements importants qui ne donnent lieu à des échanges de vidéos sur Facebook ou YouTube. Parmi les plus saisissantes de ces dernières années, on peut citer celle de la voiture de police incendiée quai de Valmy à Paris le 18 mai 2016, en marge d'une manifestation contre la loi El Khomri. Plusieurs vidéos ont été tournées qui permettent de voir l'agression des policiers, le fumigène provoquer l'incendie, etc. Elle est bien loin l'époque où, pour réaliser le journal télévisé sur la première chaîne de l'ORTF, les reporters filmaient et envoyaient leurs pellicules par avion. Un motard venait les chercher à l'aéroport du Bourget ou à Orly pour qu'elles soient développées puis diffusées au journal de 20 heures de Georges de Caunes ou de Léon Zitrone. Un autre temps !

La révolution de la consommation à la carte

La montée en puissance de l'image sur le digital combinée au rôle croissant de Facebook et de Twitter va bouleverser encore la façon de s'informer. Un nouveau type de support fait son apparition : des médias 100 % réseaux sociaux qui ne disposent même plus de site numérique et dont l'audience dépend exclusivement de ces mêmes réseaux sociaux. Le mouvement commence en 2012 aux États-Unis avec NowThis. CNN propose à son tour Great Big Story. La chaîne qatarienne Al Jazeera lance AJ+. Il s'agit d'un nouveau concept avec de nouveaux codes : des vidéos courtes très soignées, dotées d'un habillage aux couleurs souvent acidulées et accompagnées d'un texte réduit qui tient plus de la légende, agrémentées par un peu de musique de fond. Le concept arrive assez logiquement en France avec Konbini ou MinuteBuzz. Mais l'attention se focalise surtout autour de Brut, qui se lance à partir de 2016.

Ces nouveaux médias s'adressent toujours à la même cible : la génération des Millenials, qui ne s'informent que par Facebook et YouTube et ne jurent que par Yann Barthès et son « Petit Journal » (devenu le « Quotidien » sur TMC). L'info décalée et transgressive traitée sur un ton espiègle ou ironique.

Brut et Blue

Brut propose ainsi sur les grands sujets d'actualité des vidéos amusantes et pédagogiques. Elles se focalisent sur les thèmes de prédilection des Millenials : la nature, la défense des minorités, la contestation des pouvoirs. Brut réalise aussi des directs sur les grands sujets d'actualité comme « Nuit debout » en 2016 ou la crise des Gilets jaunes. Ces contenus sont essentiellement disponibles sur les réseaux sociaux, même si un site et une appli ont été lancés début 2019. C'est un concept révolutionnaire adapté pourtant par des grands professionnels de l'ancien monde. Parmi eux, Renaud Le Van Kim, un ancien réalisateur de Canal +, Guillaume Lacroix, un producteur, Roger Coste, l'ancien patron de la Régie de Canal +, ou Laurent Lucas, ex-rédacteur en chef du « Petit Journal » de Yann Barthès. Ils affichent une forte détermination : « devenir le leader mondial de l'information sur les réseaux sociaux à l'horizon 2020 ». Ils se développent tous azimuts, lèvent des fonds pour s'implanter à l'étranger. Ils sont présents aux États-Unis, en Inde, et visent la Chine, l'Allemagne, le Brésil, le Japon et les pays du Golfe. Xavier Niel figure parmi les actionnaires. Le modèle est mondial. La moitié de la production française est exportée vers les autres filiales. Les audiences donnent le vertige. La vidéo « La Terre sans les humains, ça donnerait quoi ? » a totalisé 50 millions de vues. Le cap du milliard de vues a été dépassé en février 2019... Les équipes de Brut ne sont pas les seules sur ce créneau. Plus modestement, Emmanuel Chain a lancé à son tour un produit comparable au sein de sa société de production Éléphant & Cie. Pour rester dans le même registre animalier, il l'a baptisé Monkey, avec un parti pris plus pédagogique encore, dans la lignée de ce qu'il faisait il y a vingt ans, lorsqu'il expliquait l'économie dans « Capital » sur M6. Monkey se positionne comme le média anti-*fake news*. Le mouvement est lancé. Même des journalistes issus des quotidiens s'intéressent au phénomène. Loopsider a été développé plus récemment par Johan Hufnagel, l'ex-numéro deux de *Libération*. BFMTV s'intéresse à un créneau voisin de celui de l'actualité chaude : les sujets « *feel good* » avec la marque Blue Stories. Le phénomène vient des États-Unis avec Great Big Story, qui affiche des scores d'audience impressionnants : plus de 100 millions de vidéos vues par mois, un public de 10 millions de fans sur les réseaux sociaux, qui ont en moyenne 29 ans. Une magnifique cible publicitaire pour les marques, sensibles à la tonalité positive de Great Big Story, par opposition à CNN, plus anxiogène par nature, en raison de l'actualité, souvent dramatique.

La dépendance à Facebook

Cette consommation à la carte, que l'on appelle aussi « délinéarisation », permet à des équipes éditoriales et techniques assez légères de se lancer avec un niveau d'investissement limité, comparé aux capitaux nécessaires pour faire tourner un journal ou une chaîne de télévision. Le nombre de vidéos proposé est faible. Une dizaine par jour pour Brut. L'idée simple est de profiter à fond de la puissance de Facebook, avec le risque d'être tributaire de ses algorithmes. Les anciens médias ne sont donc pas au bout de leurs surprises avec le numérique. Le paysage ne cesse d'évoluer. Rien ne se décante. Tout change en permanence. La concurrence devient multiforme. Et l'on s'interroge sur ce que sera la prochaine révolution.

La révolution des journalistes-robots

L'apparition en 2018 des enceintes connectées qui obéissent à la voix est une piste. Elle se profile déjà nettement. On peut désormais tout demander à Google Home, Amazon Echo ou à la HomePod d'Apple. En attendant Djingo d'Orange. Elles répondent au doigt et à l'œil. Et si ça n'était qu'un début ? Et si les progrès annoncés sur l'intelligence artificielle emmenaient les médias vers de nouvelles frontières ? On imagine chacun pouvant paramétrer son propre média en fonction de ses centres d'intérêt… Plus spectaculaire encore, on commence à voir dans les rédactions des robots capables d'écrire des textes simples et programmables. Ils viennent enrichir ou donner du sens à de la data. Par exemple autour des cours de Bourse, des résultats hippiques ou sportifs ou encore des résultats électoraux. En 2012, une société comme Syllabs Media a mis au point pour *Le Monde* de petits articles de 700 signes chacun, qui analysent assez sommairement les résultats des élections dans les 36 000 communes de France. Le robot récupère les résultats paramétrés dans chaque commune : taux de participation, score de chacune des listes, historique des résultats, etc. Puis, lorsque le ministère de l'Intérieur publie par vagues les résultats définitifs, le robot rédige quasiment instantanément ces « articles ». Le système, assez abouti, permet d'avoir des textes chaque fois différents qui peuvent aussi être illustrés grâce à des courbes. Ils sont titrés, prêts à la publication. Pour un site comme *Le Monde*, ce service permet de jouer la proximité et de générer une forte audience. L'investissement est raisonnable : entre 5 000 et 10 000 euros pour le service complet. France Bleu a testé aussi le système pour les élections régionales de 2015 et France Télévisions pour des résultats de match de football. Aux États-Unis, le mouvement a été lancé par l'agence Associated Press pour les résultats des entreprises. Une matière qui s'y prête, tant les indicateurs attendus sont standardisés. Beaucoup de titres ont suivi le mouvement, comme *The Washington Post* pour les résultats des Jeux olympiques de Rio en 2016.

Mais les robots sont pleins de ressources et permettent aussi de reproduire avec une précision sidérante la voix d'un journaliste. Certains sites de presse écrite comme lexpress.fr ou lequipe.fr s'intéressent à cette technologie pour transformer des articles en podcast à écouter, avec la voix de leur auteur. En Grande-Bretagne, *The Economist* propose sur ses applications numériques une lecture de certains articles. Ces clones vocaux sont de plus en plus performants, surtout en anglais, moins en français. Mais les progrès sont rapides. À Paris, des start-up comme Voxygène ou Lyrebird ont aussi mis au point des techniques étonnantes. Il devient possible de faire lire un bulletin d'information imprimé par une voix de synthèse reproduisant celle d'Yves Calvi, Nicolas Demorand ou Jean-Jacques Bourdin ! Pour se faire connaître, Lyrebird a fabriqué une séquence où les présidents Clinton, Obama et Trump font la promotion de son logiciel. On peut aussi facilement retravailler une vidéo et notamment le mouvement des lèvres d'une personnalité en lui faisant dire ce que l'on veut. La technologie le permet. C'est ce que l'on appelle des *deepfakes*, contraction du *deep learning* (technique de lecture d'intelligence artificielle) et des *fake news*. Encore plus fort, à l'automne 2018, une agence de presse gouvernementale chinoise a montré un présentateur télé 100 % virtuel, en complet veston. Stupéfiant, vertigineux et glaçant. En matière de *fake news*, nous n'avons encore rien vu. Du coup, les médias organisent la riposte. Aux États-Unis, l'agence AP ou *The Wall Street Journal* commencent à utiliser des logiciels capables d'aller chercher les versions originales des vidéos ou des tweets truqués, pour confondre les faussaires. Le combat ne fait que commencer. Les trucages peuvent être très efficaces. On l'a vu lors de la première sortie officielle du préfet de police de Paris, en pleine crise des Gilets jaunes, le 2 mars 2019. Didier Lallement était coiffé d'une casquette, qui, après retouche, avait une taille démesurée, et n'était pas sans rappeler celle des maréchaux du régime soviétique. L'auteur de ce montage assez comique voulait ainsi dénoncer « la dérive autoritaire » de la présidence Macron. La vidéo, partagée des milliers de fois, a troublé les internautes avant que son auteur ne reconnaisse la facétieuse manipulation : « J'ai utilisé le logiciel After Effects. C'est assez facile à faire… »

Chapitre VII

PRINT-WEB, UN MARIAGE DE RAISON

La cohabitation a bien mal démarré. Lorsque les grands quotidiens commencent à constituer des rédactions digitales, les journalistes du « print » regardent les choses de loin avec au mieux de l'indifférence, au pire une bonne dose de mépris. Ils les appellent les « soutiers » ou les « p'tits gars du Web ». Ils ne les considèrent pas comme faisant vraiment partie de la famille. Le choc des cultures est violent. Les méthodes du Web vont prendre des allures d'épouvantail pour les rédactions installées, qui y verront une dérive dangereuse de leur métier qu'il faut à tout prix contenir. Car, au fond, tout les oppose.

Polyvalents ou spécialistes

Ces rédacteurs du Web, souvent très jeunes, arrivent à heures fixes pour assurer une vacation de huit heures, travaillent derrière des ordinateurs et déjeunent le plus souvent sur le pouce d'un sandwich, d'un burger ou de sushis. Ils ne sont pas sur le terrain.

Ils sont technophiles et polyvalents, capables de travailler indifféremment à partir de textes, d'images à sous-titrer ou de vidéos à monter. Ils sont généralistes et passent d'un sujet à l'autre, que ce soit de la politique, un fait divers ou du sport. Ils travaillent à partir d'une matière première produite par d'autres journalistes d'agences de presse ou d'agences d'images. Bref, une rédaction digitale vit dans une logique de rapidité, de réactivité, d'agilité et de polyvalence. Ce sont leurs points forts. Mais il y a un risque. Si l'on n'y prend garde, le danger qui guette est que ces journalistes se transforment en documentalistes de l'actu en se cantonnant dans la réécriture des dépêches d'agence.

À l'inverse, une rédaction « print » fonctionne suivant un principe de spécialité et d'expertise. La polyvalence est un gros mot, synonyme d'à-peu-près et de travail mal fait. Chacun est dans son couloir de compétences. La mise en pages avec les secrétaires de rédaction, les correcteurs, le service photo, le traitement des photos, l'infographie. Le système a été ainsi conçu à une époque où chaque métier faisait appel à des techniques particulières qu'il fallait maîtriser sur le bout des doigts. L'idée était de pousser le plus loin possible la spécialisation de chacun, pour réaliser le miracle quotidien de sortir le meilleur journal en temps et en heure. Un travail patient d'artisan perfectionniste. Au sein de la rédaction de plume, le principe est le même. Les services sont nombreux et étoffés. Dans les années 2000 au *Figaro*, le service Sciences et médecine compte quatorze personnes, dont trois médecins, un ingénieur agronome ; le service Étranger dispose d'un réseau d'une vingtaine de correspondants « staff » à travers le monde ; chaque parti politique français est suivi au jour le jour par un ou deux journalistes ; les affaires judiciaires occupent trois rédacteurs spécialisés ; l'actualité littéraire, une dizaine, le cinéma, cinq critiques, etc. En tout, 200 journalistes spécialisés, tous experts dans leur domaine.

Au jour le jour, la vie d'un rédacteur du journal papier est à des années-lumière de celle d'un journaliste digital. En dehors des grands événements, il ne vit pas sous la dictature de l'actualité chaude. Les budgets de reportages sont conséquents, même s'ils sont toujours insuffisants. Sur place, il a davantage de temps pour enquêter, peaufiner un reportage, et finalement écrire, avec toujours la même passion résumée par la célèbre formule d'Albert Londres : « Notre métier n'est pas de faire plaisir, non plus de faire du tort, il est de porter la plume dans la plaie. »

Journalisme « à l'ancienne »

À Paris, la vie d'un journaliste est faite de rencontres avec ses contacts réguliers, de conférences de presse, de déjeuners et pour certains d'invitations à des dîners en ville, à des spectacles ou à des expositions. Bref, c'est un mode de vie aussi agréable qu'exigeant. La qualité des grands titres quotidiens ou magazines vient aussi de ce confort accordé à des journalistes souvent talentueux. Les meilleurs connaissent tout le monde, sont au courant de tout, anticipent les événements. Et, lorsqu'un fait majeur survient, ces journalistes au sommet de leur art sont capables de « délivrer », c'est-à-dire de vérifier en un temps record, d'obtenir les acteurs et les témoins au téléphone, d'analyser instantanément la portée d'un événement, de décrocher la bonne interview. Et plus la nouvelle est inattendue, plus elle surgit tard, plus l'exercice est difficile. On l'a vu lors de l'élection du pape François, le 13 mars 2013. Malgré le secret absolu du conclave, Jean-Marie Guénois, le correspondant religieux du *Figaro*, reçoit une confidence en or. Dans l'après-midi, on lui murmure qu'un mouvement se dessinerait autour de Jorge Mario Bergoglio. Un tuyau qui permettra au journal de ne pas être pris de court au moment de l'annonce qui tombe à l'heure du bouclage. Autre exemple : le 25 juin 2009, jour du décès de Michael Jackson, Olivier Nuc, journaliste spécialisé dans la musique, passe à la rédaction du *Figaro* sur le coup de 22 heures. Par le plus grand des hasards, la nouvelle de la mort de la star américaine tombe à ce moment-là. En une heure, il écrira une pleine page d'un seul trait, pour la dernière édition.

Chambres à part

Le fossé est tel entre le « print » et le Web qu'il semble plus sage de constituer, pour commencer, des équipes séparées sans véritable lien entre elles. C'est le choix fait par *Le Monde* dès 1995. C'est aussi le choix du *Figaro*, qui a commencé par installer sa rédaction digitale dans un petit immeuble, à une cinquantaine de mètres du grand bâtiment de la rue du Louvre. En 2005, lorsque l'ensemble des rédactions et du groupe

Figaro s'installent dans de nouveaux locaux flambant neufs boulevard Haussmann, le choix est fait de maintenir le Web à bonne distance. Lefigaro.fr trouvera refuge rue de Châteaudun dans l'immeuble du groupe Express Expansion, qui appartient encore à Serge Dassault. Deux ans passent et le Web amorce un rapprochement avec sa maison mère. Le digital intègre le siège, mais la séparation reste nette entre les deux rédactions. Chacun chez soi. Ils sont encore au fond d'un couloir. Le « print » occupe les parties les plus nobles du bâtiment.

Il faudra attendre 2011 pour que les deux rédactions fusionnent. Cette révolution passe par un réaménagement complet. Jusque-là, la rédaction historique du « print » est organisée autour du secrétariat de rédaction et de la rédaction en chef qui pilotent le montage des pages et la confection de la une. Le centre névralgique est là. À partir de 2011, le centre de gravité du *Figaro* se modifie. Le Web s'installe en position centrale. Les services Politique, Société, Économie sont repartis à la périphérie. Et le secrétariat de rédaction est relégué à un autre étage. L'histoire est dans la géographie. Devant les journalistes, Étienne Mougeotte explique alors l'urgence d'opérer une telle mutation : « Le téléphone a mis 100 ans pour entrer dans tous les foyers français, la radio 60 ans, la télévision 50 ans et l'Internet 15 ans. Il est essentiel d'accélérer alors que le smartphone va tout bouleverser », prophétise-t-il. Il ne s'était pas trompé.

Les exemples étrangers

Nous sommes donc en 2011. Avant de lancer ce big bang, la direction du *Figaro* prend soin de faire un tour des rédactions européennes ou américaines qui avaient déjà sauté le pas : *The New York Times*, le *Chicago Tribune*, *El País* à Madrid, les Italiens de *La Repubblica*, l'allemand *Bild* ou *Le Temps* en Suisse. À Londres, deux exemples retiennent plus particulièrement l'attention : *The Guardian* et surtout *The Daily Telegraph*, encore lui, qui s'est lancé le premier dès 2006. La rédaction fusionnée du Web et du « print » a commencé par s'installer dans une ancienne salle des marchés aux dimensions impressionnantes. L'espace est aménagé en étoile. En position centrale, le desk du digital. Chacune des branches de l'étoile est occupée par un service : Politique, International, Économie, Sports, etc. Plus personne n'a de place attribuée. Chacun s'installe sur les postes laissés vacants dans le service auquel il appartient. En surplomb, la rédaction en chef et la direction de la rédaction supervisent le travail de l'ensemble des équipes. Un vrai traumatisme pour les rédacteurs à qui l'on demande de travailler indifféremment pour le journal papier et pour le site. Ils doivent s'adapter aux spécificités de chacun des supports. L'écriture est plus efficace et ramassée sur le Web, plus travaillée et plus étoffée sur le papier. Le rubricard qui se présente dans la rédaction a en outre l'obligation, même s'il ne couvre pas un événement particulier, de produire au moins un article ou un écho pour les éditions du jour. Pas question de passer à son bureau pour lire des notes ou travailler un sujet sans être immédiatement productif. Au démarrage, le traumatisme est total. Pour la première fois depuis sa création en 1855, *The Daily Telegraph* connaît trois jours de grève et des démissions en cascade parmi les rédacteurs en chef.

Chaque quotidien ne va pas forcément aussi loin et n'impose pas toujours des méthodes aussi en rupture avec l'organisation ancienne.

Impossible de calquer un modèle unique. Chaque rédaction est différente. Tous les cas de figure existent. Certains journaux possèdent un magazine de fin de semaine avec lequel ils mutualisent des moyens. D'autres appartiennent à des groupes possédant des journaux gratuits, des radios, voire des chaînes de télévision. Mais des constantes apparaissent nettement et des bonnes pratiques communes s'imposent un peu partout. Au mur, les écrans sont omniprésents. Par exemple, au *Washington Post* racheté par Jeff Bezos, les performances de chacun des articles en ligne s'affichent en temps réel. On sait en permanence combien d'internautes ouvrent chaque contenu sur le fixe et les smartphones, quelle est la durée moyenne des visites, le temps moyen devant chaque vidéo, etc. La concurrence est omniprésente. Les écrans branchés sur le site maison jouxtent ceux des autres quotidiens. Les chaînes d'info sont allumées en continu avec leur *scroll* (les déroulants en bas d'écran) qui s'anime et clignote lorsqu'une nouvelle urgente survient. La compétition est permanente et gare si votre principal concurrent diffuse une information que vous n'avez pas encore. Tout retard vous explose au visage. La sanction en termes d'audience est immédiate.

Les charmes du bimédia

Les journaux européens qui peuvent se permettre de déménager à l'occasion de la fusion de leurs rédactions se rapprochent de l'organisation en étoile du *Daily Telegraph.* Les cloisons ont tendance à disparaître au profit d'open spaces qui sont censés fluidifier la communication entre tous les services. Du patron au dernier pigiste, chaque collaborateur doit devenir « bimédia », c'est-à-dire travailler pour tous les supports, aussi bien le papier que le numérique. Les directions sont donc le plus souvent fusionnées. Plus (ou moins) de guerre de chefs. Les conférences sont elles aussi harmonisées et/ou fusionnées pour que chacun prenne conscience qu'il n'y a plus qu'une marque d'information qui se décline en une pluralité de supports : Internet fixe, smartphone, vidéo, quotidien, magazine, etc. C'est le point le plus sensible et le plus difficile à mettre en œuvre. Lorsqu'un événement survient, l'expert maison est prié d'écrire un premier papier factuel avant de se lancer dans un article plus fouillé pour le lendemain matin. À défaut, il lui est suggéré de faire un commentaire à chaud en vidéo. Autant d'exercices qui bousculent les habitudes, les compétences et les agendas.

Au *Washington Post*, la conférence de rédaction du matin, où l'on élabore le menu des événements à couvrir et des articles à rédiger, s'est ainsi transformée radicalement. La destination d'un sujet vers le site ou le papier reste en suspens, en fonction de la tournure de l'actualité. Le principe est « *digital first* ». C'est la priorité absolue. Ça n'est qu'autour de 16 heures que le contenu du journal papier est arrêté et que le journaliste sait sur quel support son travail apparaîtra. Impossible, dans ces conditions, de maintenir des équipes dédiées par support.

Dans les pays anglo-saxons ou en Suisse, la métamorphose semble moins douloureuse que dans les pays latins. Questions de culture. Devant les réticences et les oppositions parfois justifiées, le bimédia n'est pas imposé partout. Il reste optionnel par exemple dans la plupart des quotidiens français. Les conventions collectives apparaissent souvent comme des remparts. Et puis, il n'est pas toujours possible de concilier la réactivité pour le Web et l'approfondissement pour le papier. Le rubricard n'est pas forcément présent à la rédaction, au moment où une nouvelle qui est de son ressort tombe. S'il est sur le terrain, il peut être aussi contre-productif d'annuler un rendez-vous important pour écrire un texte court destiné au digital. D'autant que le Web ne peut attendre. L'information permanente exige une grande rapidité d'exécution.

De fortes résistances

À l'usage, c'est encore entre un quotidien et le Web que le mariage est le moins douloureux. La temporalité n'est pas la même, ce qui doit permettre aux journalistes de jouer sur les deux tableaux et de travailler sur les deux supports. Le bimédia est impossible à imaginer entre un site et une télévision ou une radio, car la temporalité est identique. C'est de l'information permanente dans les deux cas. Un journaliste ne peut faire les deux choses à la fois. Le mariage entre un hebdomadaire et Internet est plus périlleux. Les journalistes du « print » sont souvent à l'extérieur, en France ou à l'étranger, sur des sujets au long cours. Difficile de les mobiliser ou de les joindre instantanément pour couvrir un événement inopiné. Ceux d'un quotidien restent rarement déconnectés de l'actualité au jour le jour. C'est encore là que le bimédia peut s'imposer le moins difficilement. Mais le mouvement reste un combat permanent. Les résistances sont fortes face au volontarisme des directions de journaux qui ont du mal à accepter que deux journalistes, assis à quelques mètres l'un de l'autre, écrivent chacun un article sur le même sujet, avec souvent des contenus très voisins.

Aux *Échos* par exemple, les réticences étaient particulièrement fortes. Certains se mettent même à rêver à voix haute que le journal abandonne le Web, jugé trop approximatif et incompatible avec l'expertise attendue par les lecteurs. Les visites à l'étranger ont fait réfléchir, notamment celle au *Washington Post*. La rédaction du « print » a fini par se rallier à la démarche bimédia, quand elle a compris que c'était la seule solution pour que la qualité éditoriale soit la même sur tous les supports portant la marque *Les Échos*. Pour garantir le même standard de fiabilité et de crédibilité, Nicolas Barré, le directeur de la rédaction, a convaincu ses troupes qu'il était indispensable que chacun des journalistes spécialisés travaillant pour le papier contribue au digital. Le public ne fait plus la différence entre une information provenant du site et une autre provenant du quotidien dont il dépend. Seule la marque compte.

Les nouvelles écritures

Le bimédia a néanmoins ses limites, car le Web a donné naissance à de nouvelles pratiques journalistiques : des articles qui marient le texte, des « posts » issus des réseaux sociaux (Facebook ou Twitter) ou des vidéos. Le Net développe aussi la « curation », un mot élégant pour désigner la reprise d'informations sorties par ses propres concurrents. Il y a encore des articles sur des sujets très anecdotiques, dont on sait qu'ils feront merveille sur la Toile et qu'ils seront partagés massivement. Enfin, se développe aussi le « fact-checking » (vérification des faits) rendu possible par la puissance des bases de données texte et image qui gardent la mémoire de tout ce qui s'est dit. Le procédé, qui fait aussi le succès des émissions de Yann Barthès, est une source inépuisable de sujets et de clics. Par exemple, lorsque Jérôme Cahuzac est accusé par Mediapart de fraude fiscale, il vient à l'Assemblée nationale le 5 décembre 2012 et dément solennellement et catégoriquement : « Je n'ai pas, je n'ai jamais eu de compte à l'étranger, ni maintenant ni avant. » Lorsque le ministre est contraint d'avouer en avril 2013, cette vidéo qui prouve son mensonge battra tous les records d'audience sur le Web. De même, durant l'été 2018, l'affaire Benalla a été alimentée par une succession de vidéos inédites, place de la Contrescarpe, près de l'autobus de l'équipe de France de football qui remontait les Champs-Élysées après la finale de la Coupe du monde, avec Emmanuel Macron faisant du vélo, etc. Ces vidéos donnent lieu à un traitement propre au Web, qui nécessite des équipes dédiées et spécialisées. C'est ainsi que sont nées, au sein de rédactions installées, des structures plus légères et 100 % digital : le Lab d'Europe 1 en décembre 2011, Chez Pol de *Libération* en 2018, les Décodeurs du journal *Le Monde* et le Scan Politique du *Figaro* en 2014, suivis du Scan Sport et du Scan TV.

On mesure au passage le chemin parcouru en termes d'indépendance des rédactions. En octobre 1974, Jacques Chirac alors Premier ministre avait demandé et obtenu la tête de Maurice Siegel, le patron d'Europe n° 1 qui était là depuis les origines. Il payait alors la ligne éditoriale « persifleuse » de la station. Un incident – que l'on jugerait bien anodin aujourd'hui – avait mis le feu aux poudres. Journaliste accrédité à l'époque à Matignon, Gérard Carreyrou avait posé à Jacques Chirac une question à laquelle il n'avait pas voulu répondre. Pour signifier son refus, le Premier ministre avait mis sa main sur le micro, provoquant un long silence. La séquence avait été diffusée dans un journal parlé d'André Arnaud. Un affront qui a provoqué le départ en cascade de tout l'état-major de la station, pourtant à capitaux privés mais contrôlée indirectement par l'État. Une affaire inimaginable de nos jours. Les méthodes utilisées à l'époque par Europe n° 1 sont celles pratiquées par tous les médias aujourd'hui, matin, midi et soir.

Le triomphe des amusettes

À l'usage, l'explosion du digital a aussi contraint les rédactions les plus sérieuses à des révisions déchirantes : le succès phénoménal de sujets souvent très anecdotiques, des « amusettes » qui, en se partageant à l'infini sur les réseaux sociaux, génèrent des audiences considérables. Évidemment, impossible de faire totalement l'impasse sur cette dimension distractive et ludique des applis d'information. Un site de premier plan ne peut rester à l'écart des grands mouvements qui agitent Facebook ou Twitter sans risquer l'incompréhension et la marginalisation. En presse écrite, les espaces de divertissement sont ou étaient très circonscrits : le dessin en une (Jacques Faizant au *Figaro*, Wolinski à *L'Humanité*, Plantu au *Monde*, KAK dans *L'Opinion*), un billet d'humour (Claude Sarraute pendant des années en dernière page du *Monde*, Michel Schifres à la une de *L'Opinion*), des jeux (mots croisés, sudoku, bridge). Sur le Web, c'est plus ouvert, plus assumé et moins ambitieux.

Les rédactions digitales proposent donc des sujets insolites dont la seule vertu est le simple divertissement et l'audience. Sans aucune autre prétention. Exemple : quelques jours avant la rentrée scolaire de septembre 2017, la rumeur se répand sur les réseaux sociaux que Bic s'apprêterait à supprimer le vert de son stylo à quatre couleurs créé il y a près de cinquante ans. Tous les sites relatent la nouvelle et constatent des audiences exceptionnelles. Chacun tente de satisfaire ce mouvement de curiosité inédit, avec, à la clé, de jolis scores de fréquentation. *20 minutes* va jusqu'à proposer un sondage à ses internautes : « S'il fallait absolument enlever une couleur au mythique stylo Bic, laquelle sacrifieriez-vous : le noir trop sobre, le bleu trop scolaire, le vert trop moche ou le rouge trop anxiogène ? » Finalement, *Le Parisien* rassurera ses internautes. À côté du stylo quatre couleurs iconique, Bic proposera une variante avec le noir, le bleu, le rouge et une mine de crayon à papier.

Serge le lama

Même emballement un an plus tard sur la possible disparition des pièces de 1 et 2 centimes d'euro. Un rapport commandé par le gouvernement le préconise au motif que leur coût de production serait de 8 centimes par pièce. *Le Figaro* et sa rubrique numérique *Madame* ont aussi touché le jackpot avec un article expliquant pourquoi Emmanuel Macron portait deux alliances, une à chaque annulaire. Publié au moment du choix de la photo officielle du nouveau président de la République, cet article a battu tous les records. Bien loin de son image de chaîne d'info et bien loin de la « priorité au direct », BFMTV.com remporte un franc succès en racontant, en septembre 2017, l'histoire d'un Croate dont une opération de chirurgie plastique tourne au cauchemar. Il rentre à l'hôpital pour se faire modifier le nez et une mauvaise réaction à l'anesthésie le condamne à une érection permanente.

Parmi les plus mémorables succès d'audience, on peut aussi citer, en octobre 2015, l'incroyable buzz autour d'une robe que personne ne voit de la même couleur. Les uns identifient du blanc et or, les autres du bleu et noir. Le phénomène est planétaire. *The Independent* interroge des scientifiques qui se penchent sur la question. Ils affirment que ceux qui la voient blanche ont un cerveau plus actif. Plus hexagonale, l'émotion autour de l'annonce le 21 mars 2013, par le groupe qui produit Carambar, de la suppression de ses blagues sur les papiers d'emballage. Il s'offre ainsi, à quelques jours du 1er avril, un buzz bienvenu. On citera aussi l'histoire de Serge le lama. Au petit matin du 31 octobre 2013, cinq étudiants bordelais passablement éméchés quittent la boîte de nuit où ils avaient fait la fête et mettent le cap sur un petit cirque installé à proximité. Ils tombent nez à nez avec un lama, qu'ils décident d'enlever pour lui faire prendre le tram. L'article, paru le jour même sur le site de *Sud-Ouest* accompagné de sa vidéo prise par un smartphone, va être visionné 700 000 fois. À comparer aux 50 000 à 100 000 vues pour un article sur un sujet sérieux sur un grand site d'information. Un petit phénomène est né. Une page Facebook est créée avec 84 000 fans. Le lama devient une star. On le voit apparaître comme attraction lors de manifestations sportives locales ou à la télévision, notamment sur la BBC ! Son propriétaire dépose la marque « Serge le lama » qui fait l'objet de détournements en tout genre sur YouTube.

Dans le même ordre d'idées, le Web s'est beaucoup amusé avec ce que l'on a appelé le « slipgate ». En novembre 2015, un chasseur landais, qui n'avait pas eu le temps de mettre un pantalon, repousse à coups de pelle des manifestants de la Ligue des oiseaux venus s'opposer au braconnage des pinsons. Le malheur pour lui est qu'une vidéo a immortalisé la scène. Les réseaux sociaux, volontiers potaches, s'en sont donné à cœur joie avec des centaines de vidéos détournées. On a vu aussi fleurir sur Twitter plusieurs hashtags comme @slipandpelle ou #slipgate. Un site peut ainsi se retrouver dépassé par le succès d'une information amusante, qui ne mérite pas toujours une telle publicité. Mais, dans le monde digital, la viralité est souvent sans limites.

Chapitre VIII

UNE GRATUITÉ QUI COÛTE CHER

Lorsqu'il est apparu, le refrain est le même partout ou presque : le Web ne peut qu'être gratuit. L'Internet, c'est la liberté ! Contrairement au 3615 de France Télécom qui pouvait s'avérer ruineux pour les utilisateurs distraits ou compulsifs. L'autre argument plus rationnel mais très risqué est de voir dans le Web l'eldorado qui va permettre aux éditeurs de l'ancien monde de se refaire une jeunesse et d'accroître leur audience qui ne cesse de s'éroder. Le chiffre d'affaires passera après. La gratuité est immédiatement conçue comme un accélérateur de développement et un instrument de conquête de parts de marché, alors même que les premiers sites sont pratiquement tous issus de journaux payants, et qu'ils ont succédé au Minitel, payant lui aussi. Les quotidiens voient également dans ce nouveau média l'occasion de se frotter à un nouveau métier, l'information instantanée, et d'aller marcher sur les plates-bandes de l'audiovisuel (qui en fait rêver plus d'un) et des journaux gratuits (qui continuent à perturber le marché). On s'illusionne encore et l'on veut croire que le Web se financera comme la radio et la télévision privées : grâce aux recettes publicitaires qui ne manqueront pas de déferler sur un média qui peut devenir très puissant…

Les gratuits de l'après-midi

Les « *quality papers* » les mieux installés céderont les premiers aux sirènes de la gratuité en testant un changement de modèle. À partir de 2005, ils vont expérimenter un nouveau produit : une édition numérique par Internet diffusée l'après-midi, totalement gratuite, conçue pour venir compléter le quotidien sorti le matin dans les kiosques et qui, lui, reste bien payant. Dès le mois d'avril, le *Financial Times* propose un de ces quotidiens gratuits à télécharger l'après-midi sur son imprimante personnelle au format A4. L'idée est de remettre l'actualité à jour et de proposer aux lecteurs une édition qui s'affranchit des pesanteurs et des coûts d'impression et de distribution. Disponible à 16 heures, FT.pm a l'ambition de concurrencer les journaux gratuits sur leur propre terrain et de s'essayer à l'information permanente que le numérique rend désormais possible. Parti le premier, le *Financial Times* va assez vite interrompre l'expérience, faute de diffusion suffisante – et même si ce gratuit ne coûtait pas grand-chose à fabriquer : les articles proposés étaient ceux du site internet… Mais l'usage ne s'est jamais imposé. Le FT arrête donc les frais. L'idée est reprise par ses concurrents : à Londres, *The Guardian* va lancer G24 en juin 2006, très inspiré de 24 horas d'*El País* en Espagne. Il propose une édition numérique disponible l'après-midi et réactualisée tous les quarts d'heure. Pour contrecarrer l'arrivée de deux journaux gratuits (*London Lite* et *The London Paper*), *The Daily Telegraph* se lance à son tour avec telegraph.pm, qui propose à partir du 11 septembre 2006, tous les jours à 16 heures, une édition unique de neuf pages à imprimer soi-même. Ce nombre impair résonne comme un pied de nez à la presse classique qui ne peut se permettre cette fantaisie. Telegraph.pm se décompose en trois pages d'actualité générale, une page télévision, une page de jeux, deux pages business et deux pages sport. Chaque lecteur peut composer son journal à sa guise, n'imprimer que les pages qui l'intéressent et lire l'ensemble dans le métro sur le trajet du retour du travail ou à la maison.

Assez vite, le modèle débarque de l'autre côté de l'Atlantique. En septembre 2006, le *Toronto Star*, premier quotidien canadien de l'époque, se jette à l'eau avec star.pm. En fait, les éditeurs américains et européens comptent alors beaucoup sur ces quotidiens de l'après-midi pour réagir à une actualité chaude et proposer des « breaking news ». Edward Roussel, à l'époque le rédacteur en chef numérique du G24, lance d'ailleurs une vaste opération marketing avec un journal spécial le jour de la présentation du budget britannique. Le potentiel semble alors intéressant en cas de gros événements sportifs ou d'attentat.

Des tests sans lendemain

Comme le *Financial Times*, ses concurrents vont faire le même constat. La mayonnaise ne prend pas. Les recettes publicitaires sont quasi nulles après des démarrages prometteurs. FT.pm a été sponsorisé pendant les huit premières semaines par Bank of Scotland, G24 par BT (British Telecom) et star.pm par Air Canada et General Motors. Il y a du monde pour se pencher sur le berceau de ces nouveaux formats. Mais les téléchargements restent quantitativement modestes : entre 1500 et 15 000 pour telegraph.pm par jour. En fait, la plupart des lecteurs ne l'impriment pas. Ils se contentent de le lire en diagonale sur écran. Un point fait néanmoins réfléchir. L'incroyable simplicité de fabrication de ces mini-quotidiens. Au *Daily Telegraph*, Edward Roussel explique à l'époque que ce produit de neuf pages ne nécessite que quatre petites heures de travail : « En fait, deux personnes pendant deux heures. » De quoi inquiéter les dizaines de salariés qui vivent de la fabrication des quotidiens.

En France, les grands quotidiens suivent avec attention toutes ces initiatives. La presse britannique fait figure de référence pour les titres parisiens. Ces quotidiens à imprimer soi-même sont-ils transposables sur le marché français ? Les obstacles, notamment syndicaux, semblent insurmontables. Quelle peut être la réaction du Syndicat du livre CGT qui veille (encore) jalousement sur son monopole dans l'imprimerie et la distribution ? Chacun juge plus raisonnable d'attendre quelques mois les premiers résultats de cette expérimentation avant de tenter quoi que ce soit. *Le Figaro* lance une réflexion au cas où, en demandant un rapport circonstancié à Rémi Godeau, le correspondant de l'époque dans la capitale britannique… À l'été 2007, un numéro 0 daté du samedi 5 août est même confectionné, dans la plus grande discrétion. Baptisé « *Le Figaro* 16 heures », ce journal digital propose sur onze pages une formule inspirée des confrères britanniques : quatre pages d'actualité générale avec des articles très courts et des brèves déjà publiés sur le site internet. Puis deux pages de conseils culturels baptisés « Ce soir » : les spectacles « à ne pas manquer » et les programmes télé. Et enfin, une page de jeux à faire dans les transports en commun (mots fléchés, sudoku), une page de sport et quatre pages d'informations économiques. « *Le Figaro* 16 heures » ne verra jamais le jour. Le sujet tombe de lui-même lorsque les plus grands quotidiens londoniens décident de jeter l'éponge, les uns après les autres.

L'audiovisuel dans la bataille

La concurrence entre les sites s'exacerbe d'ailleurs à cette époque-là en France. L'Internet devient sans contestation possible un média grand public qui intéresse désormais tous les styles de presse. Certes, les quotidiens payants comme *Le Monde*, *Libération*, *Le Parisien* ou *Le Figaro* sont partis les premiers depuis longtemps. *Métro* et *20 minutes*, spécialisés dans l'information gratuite sur papier, y sont venus logiquement assez vite. Mais les hebdos y voient aussi une aubaine pour rester en permanence en contact avec leurs lecteurs : la sortie du journal, une fois par semaine, devient le rendez-vous le plus important mais pas le seul. Dans l'audiovisuel, la perception d'Internet évolue. Au départ, il était plutôt considéré comme un média d'accompagnement : une vitrine pour les programmes et un fournisseur de services pour se rapprocher des auditeurs, comme l'était auparavant le Minitel. On trouvait ainsi sur les premiers sites des radios la grille complète des programmes, des portraits des animateurs, les fréquences FM par ville, etc. On parle alors de « sites compagnons ».

Les télévisions ont eu la même démarche prudente et modeste. D'abord, parce que la technologie ne permet pas de disposer de beaucoup d'images. Ensuite, parce que le potentiel du Web en termes publicitaires paraît bien modeste. Les audiences sont faibles comparées à celles des télévisions. Celles-ci n'ont pas encore subi le choc de la TNT qui n'interviendra qu'en 2005 et qui aura pour conséquence un morcellement continu des parts de marché des « chaînes historiques ».

La BBC, la référence

L'irruption de l'audiovisuel dans le digital va vraiment commencer avec France Télévisions en 2011-2012. Le président de l'époque, Rémy Pflimlin, a beaucoup regardé l'exemple de la BBC. Le groupe public britannique est parvenu à hisser son site parmi les premiers du monde, grâce à une bonne anticipation, une image incontestable au-delà de ses frontières et au fort potentiel d'un site en langue anglaise. Rémy Pflimlin a été nommé par le CSA, aux dépens du jeune et brillant patron d'Europe 1, Alexandre Bompard. Il doit marquer les esprits avec un projet de modernisation du groupe public, qui fait (déjà ?) figure de belle endormie. À côté d'un plan d'économies et de rationalisation indispensable, il propose une diversification volontariste dans le numérique. Pour rentrer sur ce nouveau marché où les investissements se comptent en millions d'euros, il arrive avec le référentiel de la télévision où l'on peut dépenser cinq à dix fois plus. Le budget alloué au digital triple et passe de 23 à 78 millions entre 2009 et 2014. Il était même prévu 125 millions au budget 2015. À comparer aux 20 millions de BFMTV.com. Pour mener la bataille sur un théâtre où il arrive tardivement, Rémy Pflimlin va aussi faire une prise de guerre. Il confie à l'ancien patron du *Monde interactif*, Bruno Patino, la charge de mener à bien ce grand projet qui prendra du temps à décoller. L'objectif est de réussir aussi bien que la BBC. Une telle référence va faire taire tous ceux qui s'interrogent sur la pertinence d'une telle stratégie et sur la distorsion de concurrence qu'elle introduit avec les sites privés. La redevance doit-elle être utilisée pour développer de l'information sur Internet ?

Les autres grands acteurs de l'audiovisuel se sont progressivement lancés avec plus ou moins d'entrain dans cette bataille en adaptant à leur tour leurs sites et applis à l'information chaude gratuite... Les radios, notamment France Info et Europe 1, prennent conscience que c'est là leur savoir-faire de base. Elles s'avisent aussi que certains de leurs programmes pourraient être enregistrés en vidéo et bénéficier d'une seconde vie numérique : à l'époque, l'interview de Jean-Pierre Elkabbach sur Europe 1 ou le « Grand Jury » de RTL. Les caméras commencent d'ailleurs à investir les studios. En fait, c'est BFM qui va vraiment lancer le mouvement. Après avoir racheté RMC, Alain Weill avait repris BFM à la barre du tribunal en novembre 1992. Ça n'était à l'époque qu'une radio de niche, spécialisée dans l'économie, d'où son nom, BFM, acronyme de Business FM.

Des caméras pour le Web

En 2013, Alain Weill a donc l'idée de téléviser les programmes de cette petite radio pour lui donner plus d'audience et de visibilité, notamment chez les décideurs, les épargnants et dans les salles des marchés. Un studio quasi automatique est installé avec des caméras qui se pilotent grâce à une sorte de manette pour jeu vidéo. À l'image, outre l'émission en direct, l'écran est habillé d'indicateurs sur les cours de Bourse et d'un déroulant qui annonce les dernières informations économiques. Les anciens journalistes radio se mettent à faire des sujets illustrés compatibles pour la télévision. L'ensemble est rebaptisé BFM Business et apparaît un temps, sur un canal gratuit de la TNT en Île-de-France. Une chaîne très vite distancée par sa petite sœur BFMTV, qui prend alors son envol et connaîtra le succès que l'on sait. Cette première fusion radio-télé réussie servira de référence à beaucoup d'autres médias. La télévision publique belge reprendra l'idée de la radio filmée, puis France Info, RTL, etc. Mais c'est surtout au sein du groupe NextRadioTV que ce mariage radio-télé sera systématisé. Les nouveaux locaux inaugurés par Alain Weill en octobre 2018 sont conçus dans cette perspective. Les radios deviennent des sociétés de production pour la télévision, mais aussi pour les sites d'information, gros consommateurs d'images. RMC produit donc la matinale de Jean-Jacques Bourdin (6 heures-9 heures) pour RMC Découvertes, puis les « Grandes Gueules » (9 heures-midi) pour RMC Story et le « Moscato Show » (16 heures-18 heures) pour RMC Sport. Le mouvement est lancé. Il va se répandre à l'ensemble du paysage audiovisuel. France 3 et France Bleu se sont également lancés dans l'aventure début 2019 avec des matinales communes aux deux médias. Nice et Toulouse essuient les plâtres. RTL quitte aussi son siège historique de la rue Bayard pour se rapprocher de M6 : les caméras filment programmes et journaux d'information. Les passerelles se multiplient entre les deux maisons.

Aujourd'hui, le paysage des applis d'info se stabilise. Et force est de constater que la plupart des sites offrent des contenus très similaires. Qu'ils soient issus de journaux gratuits, de quotidiens, de magazines, de stations de radio ou de chaînes de télévision, le service rendu est analogue. Un peu plus de texte ici (*Le Figaro*, *Le Monde*, *Le Parisien*), davantage de vidéos là (BFMTV, LCI, France Info)... Un peu plus d'économie sur lesechos.fr. Davantage d'informations régionales sur ouestfrance.fr. Les alertes sur smartphone se ressemblent d'autant plus qu'elles reprennent souvent le « wording » (le texte) de la dépêche de l'Agence France-Presse. L'audience est assurée avec les mêmes ingrédients, quel que soit le site. Les grands événements comme les élections principalement présidentielles, municipales et législatives, les grandes catastrophes (attentats, inondations), le football assurent à chacun des scores qui s'envolent.

Sur le fond, chaque site défend ses spécificités qu'il va chercher dans son histoire et/ou son ADN. Mais la cible visée est toujours la même : le public le plus large. Pour certains, la ligne éditoriale du média d'origine et du digital est rigoureusement la même : c'est le cas du *Monde*, du *Point*, de *20 minutes*, de *L'Équipe*, du *Parisien* ou de BFMTV. Pour d'autres, les différences sont importantes, comme on l'a vu avec *Le Figaro*. *Les Échos* qui sont plutôt B to B (business to business, qui s'adressent aux professionnels) sur le papier et B to C (business to consumers, à destination des consommateurs) sur le digital sont à classer dans cette catégorie. D'autres tentent de trouver leur propre voie, de manière plus autonome. C'est le cas de franceinfo.fr, qui est devenu le site d'actualité de marques aussi différentes que France Télévisions et Radio France.

Cette tendance à l'uniformité des contenus a poussé à un début de consolidation. Lorsqu'un groupe dispose de deux sites, il a tendance à les fusionner plutôt que de les voir proposer les mêmes contenus fabriqués par deux rédactions identiques. C'est le cas du groupe Lagardère avec Europe 1 qui s'est rapproché du *Journal du dimanche*. C'est le cas du groupe Bouygues qui a rassemblé les marques TF1 News, LCI et *Métro* sous une seule bannière. Plus sagement, RMC et BFMTV, dont les antennes sont déjà très proches avec des programmes et des animateurs communs, se sont eux aussi regroupés depuis longtemps dans un seul et unique portail. *Libération* et *L'Express*, autres actifs de la galaxie Altice, restent néanmoins à l'écart, puisque leur modèle est payant.

La peur du « bad buzz »

Ce paysage très concurrentiel pousse tous les acteurs à l'audace, parfois à une légère transgression pour émerger et ramasser la mise en termes d'audience. Mais pas à n'importe quel prix. Un équilibre s'opère entre les sujets importants et ceux, plus frivoles ou superficiels, qui intéressent davantage l'audience. Chacun sent bien que se jouent ici l'image et la réputation des grandes marques de médias. Le public ne fait plus la différence entre une information donnée par un quotidien ou une télévision et celle livrée par son site. C'est la même chose. Les sites vivent sous la surveillance permanente des réseaux sociaux et du « *bad buzz* ». Une information ou une image non vérifiée, un détail scabreux sur la vie privée d'une personnalité et votre marque se retrouve jetée en pâture. Le risque de réputation n'est pas négligeable. Les rédactions « historiques » imposent donc souvent à leurs confrères du Web des procédures pour éviter tout dérapage. Sur les affaires sensibles comme le terrorisme et les faits divers, le site de BFMTV ne publie jamais une information sans recevoir le feu vert du service « police justice » de la chaîne. Ce souci de cohérence répond aussi à un impératif économique. C'est une mesure de bonne gestion de ne pas entretenir dans une même rédaction des équipes directement concurrentes. Car, d'une façon générale, les sites gratuits commencent à coûter cher. Entre la technique, le marketing et la rédaction, les effectifs dépassent facilement la centaine de salariés.

Un média, trois stratégies

Avec le temps, une certaine décantation s'est opérée parmi tous les acteurs. Il y a d'abord les sites qui sont parvenus à mettre au point un modèle payant, nous y reviendrons. C'est une minorité qui se compte sur les doigts d'une main. Principalement *Les Échos* et les « *quality papers* » comme *Le Monde*, *Le Figaro* et, dans une moindre mesure, *Le Point*. On enregistre aussi des signaux encourageants dans des titres comme *La Croix* ou *Libération*. Il y a ensuite les sites qui sont 100 % gratuits. La plupart sont issus de l'audiovisuel. Ils ont logiquement repris ce modèle fondé sur la publicité (BFMTV, LCI, RTL) ou sur la redevance (France Info). Il y a également les sites issus de la presse gratuite comme *20 minutes* qui figurent dans ce club.

Reste une troisième catégorie qui se situe à mi-chemin : la presse populaire de qualité, principalement *Le Parisien-Aujourd'hui en France*. La publicité ne peut à elle seule compenser la baisse de la vente au numéro, pour un quotidien qui entretient un maillage de journalistes particulièrement dense en Île-de-France. Des formules payantes ont été lancées, mais le démarrage est lent. Aux États-Unis, il est symptomatique de constater que l'un des rares quotidiens à ne pas être passé à un modèle payant est *USA Today*… Son public, plutôt populaire, reste rétif à toute idée d'abonnement. C'est l'un des grands quotidiens le plus mal en point.

L'exemple canadien

Face à cette équation difficile, un quotidien populaire de qualité a osé une réforme radicale en poussant jusqu'au bout la logique de la gratuité. C'est *La Presse*, un journal réputé de Montréal, fondé en 1884, assez proche dans son contenu d'un *USA Today* ou du *Parisien-Aujourd'hui en France*. Puisque son public naturel n'est pas prêt à payer, il est passé au tout gratuit pour son quotidien qui est devenu 100 % digital. C'est le seul grand journal au monde à avoir sauté le pas. *La Presse* a publié le 29 décembre 2017 sa dernière édition papier. Un passage en douceur qui a pris six ans. Désormais, à côté de son application iPhone qui offre l'information en continu, *La Presse* propose sur tablette un quotidien numérique d'une lecture totalement inédite… En fait, lorsque Apple présente son premier iPad, la direction du journal y voit une belle opportunité de se réinventer. Très vite, elle met en place une petite équipe de 20 personnes qui va réfléchir à la forme que pourrait prendre un journal sur tablette. Elle y est encouragée par le succès de l'iPad dès son lancement sur le marché canadien.

L'objectif est de faire une version digitale quotidienne de *La Presse* qui laisse une grande place à la photo, aux diaporamas, aux vidéos, à l'infographie animée. Les textes sont adaptés à une lecture rapide et présentés de façon plus chapitrée. C'est un produit informatif, mais aussi distractif. Environ 200 personnes ont été finalement recrutées dans de nouveaux métiers, principalement autour du traitement de l'information par l'image. Un investissement d'une trentaine de millions d'euros. Deux ans plus tard, le 18 avril 2013, *La Presse* propose sa première édition numérique. Les lecteurs peuvent la télécharger à partir de 5 h 30 du matin. Le succès est au rendez-vous : 115 000 personnes s'abonnent à ce quotidien devenu gratuit dès la première semaine. L'édition papier subsistera le week-end jusqu'à la fin 2017. Le premier intérêt sera d'économiser l'équivalent de 60 millions d'euros que coûtait jusque-là l'impression du quotidien. Mais la motivation est aussi publicitaire. Trop d'annonceurs désertaient le papier au profit de Facebook ou Google. Avec cette version sur tablette, ils reviennent. D'autant que les lecteurs ont tendance à passer de longues minutes sur leur tablette, tant la forme de *La Presse* est ludique. Le modèle rejoint celui de l'audiovisuel.

L'expérience aiguise la curiosité de tous les éditeurs du monde qui observent à la loupe ce modèle pour l'instant unique. Les Canadiens ont-ils eu raison avant tout le monde de passer au gratuit, ou paieront-ils dans quelques années leur impatience à refuser l'obstacle du payant qui finira peut-être par s'imposer, même pour la presse populaire de qualité et les quotidiens régionaux ? La question reste ouverte.

Chapitre IX
LA PERSÉVÉRANCE PAIE

Comme souvent, les États-Unis ont cinq ans d'avance sur les Français. De ce côté-ci de l'Atlantique, la bataille du payant fait rage. La presse écrite dans son ensemble est convaincue que le modèle du tout gratuit ne va nulle part. Impossible d'adapter au numérique le modèle de la télévision privée et des radios périphériques ou de la bande FM. La publicité ne peut financer à elle seule quotidiens et hebdomadaires. La presse écrite doit conserver un modèle payant. Comme on l'a vu, *Les Échos*, *Le Monde* et *Le Figaro* ont déjà bien avancé sur cette voie. Les hebdos comme *L'Express* cherchent un modèle sans l'avoir encore trouvé. *Le Parisien* teste lui aussi des formules payantes pour compenser la baisse continue de ses ventes papier.

Trois réussites américaines sont données en exemples et nourrissent la réflexion des éditeurs français : *The New York Times*, qui détenait début 2019 un portefeuille de 3,3 millions d'abonnés. L'objectif affiché est d'atteindre les 10 millions d'abonnés en 2025. Le titre, fort de 1 600 journalistes, est porté par une belle dynamique depuis l'élection de Donald Trump, associée à une politique commerciale très agressive. Signe de ce retournement, le quotidien va racheter l'immeuble de Manhattan qu'il avait cédé à l'époque où il n'avait pas trouvé son modèle. Ce fut alors un traumatisme. L'affront est lavé ! Il y a aussi *The Washington Post* de Jeff Bezos, un « *quality paper* » pour lequel les lecteurs sont prêts à payer. Il y a encore *The Wall Street Journal* qui s'impose comme le premier média d'information économique et financière du monde. Il édite des sites en plusieurs langues (anglais, français, chinois, espagnol et portugais), qui publient chaque jour un bon millier d'articles signés de 1800 journalistes. Dans certaines régions du monde comme l'Europe et l'Asie, *The Wall Street Journal* a cessé d'être édité en version papier. Le numérique suffit. Ponctuellement, des accords avec des journaux locaux lui permettent de revenir au papier par la petite porte. C'est le cas en France avec *L'Opinion* qui publie depuis 2018 un cahier quotidien de quatre pages avec des articles du *Wall Street* en anglais et en français.

Le retard français

Outre ces trois géants américains emblématiques, les autres quotidiens sont également passés à un modèle payant. Une étude montre que, déjà en 2016, 80 des 100 journaux dont la diffusion dépasse les 50000 exemplaires quotidiens avaient abandonné le modèle gratuit. Ils n'étaient que 6 à être payants en 2010 !

Avec le temps, trois formules d'abonnement se sont imposées : il y a d'abord le 100 % payant, mais cela reste assez marginal. Il y a aussi ce qu'on appelle le « freemium », contraction de « free » et « premium » : un mélange d'articles payants et de contenus gratuits. Mais la formule la plus répandue aux États-Unis est la troisième, celle du « paywall » : les cinq, dix ou quinze premiers articles consultés chaque mois sont gratuits. Ensuite, il faut payer. Avec une gestion habile de la frustration de l'internaute, ce dernier finit par s'abonner. D'autant que, pour commencer, les tarifs sont raisonnables : entre 3 et 4 ou 5 dollars par mois. Une variante s'est aussi développée. Les premières lignes des articles sont en accès libre, mais, après un paragraphe, il faut sortir sa carte bancaire pour lire la suite.

Dans cette recherche d'un modèle payant, la France est en train de rattraper peu à peu son retard. Les politiques d'abonnement commencent à porter leurs fruits dans la presse économique et dans les « *quality papers* ».

Le modèle payant du Minitel

Ce retard français à adopter un modèle payant est une anomalie, car celui-ci était déjà entré dans nos habitudes. Depuis les années 1980, les grands médias ont lancé des diversifications télématiques qui leur ont rapporté parfois beaucoup d'argent avec le Minitel et le 3615. C'est en 1993 que le parc a connu son apogée : 6 millions et demi de terminaux sont alors en circulation en France. La tarification s'effectue à la minute, sur la base d'un franc, soit 60 francs l'heure

(9,15 euros). Un business très florissant... En 1998, le Minitel a connu son pic de chiffre d'affaires : les revenus ont atteint cette année-là le milliard d'euros. France Télécom facture lourdement les abonnés, prélève 30 % (comme l'Apple Store des années plus tard) et reverse les 70 % restants à l'éditeur. Assez vite, *Le Parisien*, que l'on appelle encore à l'époque *Le Parisien libéré*, a conquis sur ce marché une place de choix. Ça n'est pas le résultat d'une vision stratégique, mais plutôt le fruit du hasard. *Le Parisien* s'est retrouvé embarqué dans l'aventure, car il était le journal local de Vélizy (Hauts-de-Seine) où France Télécom mène ses premiers tests. Il se retrouve donc aux premières loges.

Pour lancer un 3615, il faut alors commencer par choisir un nom d'adresse de moins de cinq caractères. C'est la règle lorsque le Minitel est lancé dans le grand public à partir du 4 juin 1982. Le groupe Amaury choisira donc PL comme *Parisien libéré*. À la fin des années 1980, une soixantaine de personnes travaillent pour ce site, dont une vingtaine de journalistes qui s'essaient à l'information permanente. À côté du 3615 code PL naissent d'autres activités, encore plus lucratives : les messageries de rencontres comme 3615 MESPL (messages *Parisien libéré*), 3615 PLMES ou 3615 Rose ou Balma comme... bal masqué. « C'est grâce à cela que *Le Parisien* a pu financer son passage à la couleur », se souvient un ancien. C'est sans doute en raison de l'importance de cette source de revenus qu'il ne fallait pas tarir que le passage au Web a été retardé et que le virage du payant sur ordinateur n'a pas été pris.

À la même époque, d'autres éditeurs ont repéré eux aussi ce filon du Minitel, comme Claude Perdriel, le patron du *Nouvel Observateur*. Il lance ses 3615 Aline et Jane. Le groupe Filipacchi gagnera aussi beaucoup d'argent avec des messageries conçues à partir de sa presse de charme (*Union*, *Lui*, *Penthouse*). Les plus habiles peuvent réaliser jusqu'à 60 % de marges sur ces contenus coquins. La recette est simple. Et les journaux disposent de tout l'espace voulu pour faire la promotion de ces adresses Minitel ou, plus tard, audiotel. Du bimédia avant l'heure.

Premier site payant d'Europe

Aux *Échos* sur le 3615, on s'en est tenu à une ligne plus sage et plus austère : de l'information strictement économique et financière. La Bourse en direct est ainsi proposée assez rapidement et se maintiendra sur Minitel jusque dans les années 2000, alors que le Web est déjà sur les rails. Dès 1996, la direction des *Échos* fait venir Philippe Jannet, éconduit par Bayard dans ses ambitions numériques, comme on l'a vu. Il débarque à l'été et lance lesechos.fr au mois de septembre. « Dès le départ, se souvient-il, il est hors de question de mettre le journal en gratuit sur le site. » Deux formules d'abonnement sont lancées. C'est alors le seul et unique site européen payant, grâce à une technologie d'Atos, qui a mis au point le système de règlement des abonnements. Tout n'est pas payant. L'intuition de départ est de proposer un site « freemium » qui mêle le gratuit et le payant. Les titres et les sous-titres des articles sont en accès libre ainsi que les cours de Bourse. « Ce qui était payant était ce qui nous paraissait à l'époque représenter la valeur des *Échos*, c'est-à-dire les archives, les articles, les bilans des entreprises », raconte Jannet. Au démarrage, les abonnés ne se bousculent pas. Ce sont principalement quelques entreprises et des expatriés.

La valise d'Apple

Au *Monde*, la stratégie du payant sera mise en place un peu plus tard. C'est en fait Bruno Patino qui lance les premiers abonnements en 2002. Assez rapidement, il s'agit de forfait web et papier. Mais comme chaque activité n'appartient ni aux mêmes sociétés ni aux mêmes actionnaires (Lagardère possède 34 % du *Monde interactif*), un montage financier plutôt ingénieux est arrêté. Il vise à partager la recette de ces abonnements entre le « print » et le Web. En fait, la clé de répartition sera très favorable au site. Pour chaque abonné, le journal reverse une somme forfaitaire au digital de un euro par mois, ce qui va représenter beaucoup d'argent. En contrepartie, le site verse 4 % de son chiffre d'affaires (qui reste assez modeste) au quotidien, pour l'utilisation de la marque et des contenus. Bruno Patino utilise cette manne venue du quotidien pour financer le développement technique du site et faire émerger très tôt des formats innovants comme les Web documentaires. Mais il faudra attendre 2011 pour que les abonnements décollent plus nettement.

L'histoire est cocasse. Peu de temps après la présentation par Steve Jobs de l'iPad 1, le 27 janvier 2010, Philippe Jannet, devenu entre-temps le patron du digital au *Monde*, reçoit un coup de fil intrigant de son contact habituel chez Apple. Il lui annonce que décision a été prise de choisir *The Guardian* et *Le Monde* pour être les partenaires de la firme à la pomme en Europe, pour le lancement de ce qui ne s'appelle pas encore l'iPad. Rendez-vous est pris quelques jours plus tard, dans les locaux du *Monde*, boulevard Blanqui. Ce jour-là, ils sont deux à se présenter. Le représentant d'Apple accompagné d'un personnage mystérieux d'origine indienne. Ce dernier tient fermement dans la main une curieuse mallette solidement attachée à l'un de ses poignets par une chaîne. Les deux hommes montent dans les étages. Ils finissent par ouvrir l'attaché-case, qui renferme un prototype du futur iPad, soigneusement emballé. Assez vite, un marché est proposé à Philippe Jannet. Vous travaillez avec nous sur une application du *Monde* pour l'iPad, mais à plusieurs conditions non négociables : la mise à disposition d'une salle fermée avec un code d'accès pour assurer une confidentialité absolue du projet. Cette salle ne devra pas avoir de fenêtres. L'iPad expérimental devra être scellé pour qu'on ne puisse pas l'emporter. Deux développeurs de confiance devront aussi être choisis et tenus au secret après avoir signé moult documents.

Philippe Jannet se met en chasse d'un local adéquat. Finalement, il arrête son choix sur la salle où sont entreposés les cadeaux des jeux-concours du site. L'iPad va être accroché aux tuyaux de la climatisation.

Pendant deux mois, les développeurs vont travailler d'arrache-pied pour être au rendez-vous. Lorsque l'iPad est enfin présenté, *Le Monde* va en profiter pour lancer des abonnements globaux sur tous les supports : ordinateur, portable, tablette. C'est un tournant. Il était temps. La machine à recruter des abonnés se met enfin en marche… Le lancement de l'iPad sur le marché français a joué un rôle de déclencheur chez les internautes du *Monde*. En 2013, on compte 43 000 abonnés. En 2018, ils sont déjà presque trois fois plus nombreux (140 000)[1]. *Le Monde* adopte un modèle mixte qui allie une offre gratuite (l'information permanente) et une offre payante centrée, comme l'écrira Jérôme Fenoglio, directeur du *Monde*, « dans l'approfondissement, l'inédit, le reportage et le plaisir de lecture. […] Ce modèle mixte nous permet de faire fonctionner une rédaction de plus de 400 journalistes, indispensables pour permettre à nos lecteurs, quels que soient leurs besoins, de distinguer l'essentiel[2] ».

Stratégie à tâtons

Aux *Échos*, la mayonnaise a déjà pris depuis longtemps. Fin 2012, l'introduction d'un « paywall » va accélérer le recrutement des abonnés. Au démarrage, les lecteurs ont accès à dix-huit articles gratuits avant de devoir mettre la main à leur portefeuille. La stratégie gagnante a consisté à abaisser petit à petit le

1. Source OJD.
2. *Le Monde*, éditorial, 30 mars 2017.

« paywall » qui se déclenche aujourd'hui après seulement trois contenus en accès libre. Et plus *Les Échos* abaissent leur mur, plus les abonnements affluent. Ils atteignent rapidement les 50 000. Il faut dire que le public est particulier : les lecteurs, principalement des actifs, sont très familiers du digital ; le prix est rarement une barrière, car le journal est pour eux un instrument de travail, souvent payé par leur entreprise.

Ces premiers résultats au *Monde* comme aux *Échos* résonnent comme un soulagement. Car, au début des années 2010, la plupart des patrons des grands médias sont pris de vertige. Ils se posent tous les mêmes questions. Le modèle payant des journaux de référence a-t-il une chance de s'imposer un jour en France et comment ? Le doute est général, l'inquiétude palpable. Tous les responsables des grands titres se reçoivent les uns les autres, échangent leurs expériences, leur vision stratégique, quand ils en ont. Le cas Murdoch fait réfléchir. Lorsqu'il rachète *The Wall Street Journal* en 2007 pour 5 milliards de dollars, son premier réflexe est de le passer en gratuit avant de se raviser quelques mois plus tard. *The New York Times*, qui fait aujourd'hui figure d'exemple, a lui aussi beaucoup tâtonné. Chaque année, une délégation du *Figaro* fait le voyage et, chaque année, les responsables américains affichent des certitudes différentes. Une fois, les Français sont même rentrés bien dépités, en constatant que les Américains ne semblaient plus savoir où ils en étaient.

Les 23 abonnés de Singapour

Très attachées au modèle gratuit qui a permis au *Figaro* de devenir leader du marché, les équipes du boulevard Haussmann sont en plein brainstorming. La crise publicitaire de 2008-2009 rend urgent de trouver la formule qui permettra de faire payer le lecteur-internaute. Le payant ne commence-t-il pas à s'imposer chez les concurrents et à l'étranger ? Pierre Conte, patron de la régie, veut y croire, ainsi que Bertrand Gié, le directeur opérationnel du site. Mais ils ont face à eux d'autres dirigeants du groupe, qui restent perplexes avec de solides arguments. Ils tiennent au modèle gratuit, gage d'audience massive, de leadership et de rentrées publicitaires en augmentation constante. Étienne Mougeotte se situe plutôt dans ce camp-là. On nage en pleine schizophrénie. Comment faire payer en gardant tout le monde ?

Pierre Conte va essayer de faire la synthèse en imaginant, à partir de 2009, une démarche B to B pour recruter des abonnés digitaux. La cible est la frange la plus aisée et la plus active du lectorat. Celle qui lit *Le Figaro Économie*. L'idée n'est pas de faire payer les contenus du site et du journal, mais plutôt de créer une sorte de club dont les membres bénéficieront de prestations et contenus « premium » supplémentaires, made in *Figaro* : un service de conciergerie, des lettres confidentielles thématiques écrites tout exprès par les journalistes les mieux informés de la rédaction, un annuaire des personnalités du business, des réductions à certains spectacles, etc. Ce service haut de gamme est logiquement facturé cher : les premiers prix varient entre 15 et 20 euros. Cette première tentative est décevante. Les abonnés n'accrochent pas. Ils restent peu nombreux. L'objectif de faire jeu égal avec *Le Monde* en atteignant 100000 abonnés est hors de portée. L'idée du « paywall » revient en force. Une expérience est menée en 2009-2010, non pas sur le marché français mais à l'étranger, puisque 20 à 25 % de l'audience du figaro.fr viennent de là. Ce « paywall » est installé quelques mois pour les internautes habitant Singapour. On parie qu'il y aura moins de freins à l'abonnement parmi les expatriés de la communauté française, aux revenus plutôt élevés. La démarche a valeur de test. Après six mois, c'est la douche froide. On relève les compteurs : 23 abonnés. Pas un de plus !

Quelques années passent. *Le Figaro* remet l'ouvrage sur le métier. Plusieurs paramètres ont changé. D'abord, les statistiques de vente de la profession (l'OJD) comptabilisent désormais les abonnés numériques au même titre que les abonnés papier. Une incitation à trouver la bonne stratégie. Ensuite, des services payants ont fait la pédagogie de l'abonnement numérique : Deezer, Spotify, iTunes, plus tard Netflix. Enfin, après l'euphorie du tout gratuit, les lecteurs du *Figaro*, comme ceux du *Monde* et des *Échos*, prennent aussi conscience que la qualité se paie. Une information fiable, recoupée, vérifiée, analysée et mise en perspective a une valeur forte. Comme le dit Matthias Leridon, président de Tilder, un cabinet en stratégie de communication, « l'information, c'est le pouvoir. Elle a donc une valeur économique pour laquelle il y a des acheteurs ».

Enfin des abonnés numériques

Le chantier est donc relancé au *Figaro* en 2012 par le nouveau duo à la tête du groupe : Marc Feuillée, le directeur général, et Alexis Brézet, qui a succédé à Étienne Mougeotte à la tête des rédactions du groupe. Brézet est alors l'un des rares dirigeants du groupe à défendre mordicus l'idée du payant. Il va pouvoir la mettre en œuvre. Sa stratégie est désormais de réserver aux seuls abonnés les meilleurs papiers du quotidien : les analyses, les décryptages, les grandes enquêtes, etc. Un site dédié est créé en avril 2015 sous la marque « Figaro Premium ». Le principe est simple. Ce qui est payant doit l'être sur l'ensemble des supports. Donc, les articles du journal ne peuvent être en accès gratuit sur le site. Les prix sont plus raisonnables… 9,99 euros par mois. Une équipe spéciale est constituée pour animer ce site mixte, composé, comme celui du *Monde*, par de l'actualité chaude et des contenus « à valeur ajoutée ». Le « paywall » est définitivement abandonné. Autant il est pertinent pour un journal comme *Les Échos*, très lu et très consulté par des étudiants et des cadres, autant le modèle « freemium » est considéré comme plus adéquat pour un public de quotidien traditionnel, qui lit moins d'articles par connexion. *Le Figaro* finit par rattraper son retard et gagne son pari. Le cap symbolique des 100 000 clients numériques est franchi en septembre 2018 par *Le Figaro*. *Le Monde* reste devant. Détail important, avec ses 140 000 clients numériques, le digital devient le premier canal de distribution devant les abonnements classiques et la vente en kiosque. Mediapart a un portefeuille d'abonnés comparable. *L'Équipe* en revendique plus de 80000. Parti sur sa lancée, *Le Figaro* espère conquérir 20 % d'abonnés numériques supplémentaires en 2019, ce qui correspond à un gros effort marketing. Plus de 50 % des abonnés jettent l'éponge chaque année, comme dans la téléphonie mobile. Le modèle doit se mettre en place progressivement avec des outils de recrutement de plus en plus sophistiqués. *Le Figaro*, par exemple, tient des statistiques très précises des articles qui déclenchent les abonnements. Lorsque l'internaute choisit d'ouvrir un contenu qui l'intéresse, on lui propose pour l'ouvrir de s'abonner. Les articles les plus prescripteurs sont, dans l'ordre, les papiers politiques très marqués, les conseils patrimoniaux, les sujets santé et les enquêtes au long cours. Bref, les contenus les plus en phase avec l'ADN du journal sont les plus efficaces. Avec ces exemples, on sent bien que le Web payant est en train de s'imposer dans les « *quality papers* ».

La presse quotidienne de province doit résoudre la même équation. Elle subit avec moins de violence la concurrence du digital. Les pages locales et l'information de proximité amortissent le choc. Mais les baisses de vente au numéro sont bien là : entre 3 et 5 % par an. Et les recettes publicitaires fondent... À la suite des quotidiens parisiens, les quotidiens régionaux testent tous des formules d'abonnement. *La Voix du Nord* propose deux sites distincts : l'un est payant (« La Voix du Nord »), l'autre gratuit (« La VDN »). *La Dépêche du Midi* a lancé un « paywall », mais a opté pour une offre « freemium » sur *Le Midi libre* qu'il contrôle. *Ouest-France* prélève deux euros par mois et par abonnement pour financer son site qui connaît une belle progression dans les classements d'audience. *Le Télégramme de Brest*, qui a été l'un des premiers à se lancer dans le digital en 1996, se diversifie lui aussi avec des formules d'abonnements print-web. Les résultats du payant restent modestes. Il représente suivant les titres de 5 à près de 15 % de leur chiffre d'affaires. C'est insuffisant, mais, il y a encore quelques mois, le numérique équivalait à 0. Il y a comme un début de prise de conscience…

Chapitre X

LE MARKETING SANS COMPLEXE

« Le premier devoir d'un journaliste est d'être lu. » La formule est de Pierre Lazareff. Sur le principe, tout le monde est d'accord dans les rédactions. Mais avec un bémol. Être lu par le plus grand nombre, d'accord, mais pas n'importe comment. La fin ne justifie pas les moyens. S'il faut en passer par du marketing, les journalistes ont comme un premier réflexe de méfiance. Surtout en presse écrite. Certaines initiatives restent isolées, comme celle du quotidien brésilien *O Globo* qui, aux débuts d'Internet, propose en page 2 le sujet d'actualité sélectionné par les lecteurs. En France, les conférences de rédaction des journaux pour enfants *Le Petit Quotidien*, *Mon quotidien* et *L'Actu* accueillent des abonnés pour jouer le (vrai) rôle de rédacteurs en chef d'un jour. Les journalistes proposent, les enfants disposent, puis les journalistes enquêtent et écrivent. Dans la salle de rédaction, rue des Minimes, à Paris, sont affichées vingt-quatre unes par journal. C'est le « top/flop », baromètre des centres d'intérêt des lecteurs depuis douze mois. Les lecteurs sont aussi invités chaque mois à voter pour la une la plus lue (top) et la une la moins lue (flop). Sur un an, cela fait douze exemples et douze contre-exemples, au mur. Bref, le mur des bons et des moins bons sujets. Le rédacteur en chef en titre, François Dufour, est un converti au « readercentric », terme américain signifiant « obsédé par le lecteur ».

Le sondeur et le journaliste

Les rédactions françaises n'ont pas cette culture-là. Elles ont longtemps considéré l'incursion du marketing comme une tentative intempestive de marchandisation de leur métier, une atteinte à leur esprit critique et un encadrement pernicieux de leur liberté. La hiérarchie de l'information, les choix éditoriaux fondamentaux doivent rester au-dessus de ce qui est souvent considéré comme des contingences mercantiles assez médiocres.

Les esprits ont évolué au cours du temps et les perceptions se sont affinées et nuancées, surtout parmi les rédacteurs en chef, un peu moins à la base. Au sein des grandes rédactions, les services commerciaux ont été longtemps perçus au mieux comme un mal nécessaire, au pire comme parfaitement inutiles. C'est ainsi qu'en 1974, lorsque Francis Morel débarque rue Réaumur au siège de *France-Soir* pour occuper ses fonctions de directeur du marketing, l'incrédulité domine. À quoi cela sert-il et surtout que va-t-il faire ? Comme si la presse était la seule à devoir échapper aux lois du commerce et de la concurrence.

Un quart de siècle plus tard, un scénario analogue se reproduit cette fois au *Journal du dimanche.*

La direction d'Hachette a commandé une étude sur le contenu du *JDD* à un institut de sondage. C'est la première fois de son histoire. Que pensent les lecteurs de la nouvelle formule lancée quelques mois auparavant ? Quelles pages préfèrent-ils ? Et la place de la photo ? Et le nouveau cahier Paris ? La hiérarchie du journal est invitée à prendre connaissance des résultats au cours d'une réunion un peu tendue. La plupart ne cachent pas une bonne dose de scepticisme face aux résultats qui s'étalent page après page sur le document de synthèse que chacun feuillette avec détachement. « Ça n'est quand même pas un institut de sondage qui va nous dicter ce qu'on a à écrire dans le journal », tranche, furieux, un participant. Assez souvent, ces études aboutissent à des résultats inattendus, dérangeants ou agaçants, qui n'épargnent personne. C'est ce qui fait l'intérêt de l'exercice. Tout le monde en prend pour son grade. Les journalistes comme les directeurs. C'est le cas de Maurice Siegel, qui, après avoir été limogé de la direction d'Europe n° 1, crée *VSD* (Vendredi samedi dimanche) en 1977. Pour s'imposer sur le marché, il fait faire des études régulières sur chacune des pages de son nouveau magazine. Mais, devant les scores décevants réalisés par son éditorial, les études ne porteront plus que sur le cahier central du journal…

« La France s'ennuie »

L'idée, avec ces études, est davantage de savoir précisément à qui l'on s'adresse, comment est lu le journal et quels sont les centres d'intérêt des lecteurs.

Elles permettent aussi de repérer les évolutions dans les goûts, les habitudes, dans un marché où la concurrence des nouveaux médias est toujours plus forte. Un outil d'aide à la décision qui ne se substitue pas aux choix éditoriaux de la rédaction. Car on sait bien que les meilleurs journaux se pilotent à l'instinct. Les meilleurs rédacteurs en chef sont ceux qui savent humer l'air du temps, anticiper les tendances, traduire l'état d'esprit de l'opinion avant que des sondages ou des panels ne le repèrent. L'exemple le plus emblématique est l'article de Pierre Viansson-Ponté dans *Le Monde* du 15 mars 1968, quelques jours avant le fameux mois de mai : « Ce qui caractérise actuellement notre vie publique, c'est l'ennui, écrit-il alors. Les Français s'ennuient. Ils ne participent ni de près ni de loin aux grandes convulsions qui secouent le monde. » Prophétique ! De même, la bonne une est celle qui est capable de faire mouche en trois ou quatre mots. Le petit format tabloïd se prête particulièrement à cet exercice difficile, avec une première page qui s'apparente à une affiche. *Libération* en a fait sa spécialité, au point de réunir ses unes mythiques dans un livre. Certaines sont entrées aussi sûrement dans l'histoire que les événements qu'elles annonçaient. Lorsque Robert Badinter présente devant le Parlement l'abolition de la peine capitale, *Libé* titre le 17 septembre 1981 : « Peine de mort pour la guillotine ». Ou encore « Brassens casse sa pipe » (31 octobre 1981). À la mort de Steve Jobs, la une est totalement noire. En blanc, la pomme et la feuille tombent comme une larme (7 octobre 2011). Dans un genre différent, certaines unes du *Parisien* font date. Lorsque la France rentre dans un hiver rigoureux, cinq lettres claquent : « Brrrr ». Au lendemain d'une prestation télévisée de François Hollande où le président avait présenté ses mesures anti-chômage comme une boîte à outils pour créer de l'emploi, *Le Parisien* titre cruellement : « Monsieur Bricolage ». La rédaction dirigée par Stéphane Albouy garde ses bons réflexes. Bon joueur, le président qui recevra quelques jours plus tard des journalistes du quotidien ne leur en tiendra pas rigueur.

La recette des « marronniers »

Les hebdomadaires, dont les ventes dépendent beaucoup de leur choix de couverture, entretiennent des relations moins passionnées avec ce marketing éditorial. Ils s'inscrivent dans une filiation différente. Celle des newsmagazines importés des États-Unis après la guerre. *L'Express*, *L'Obs*, *Le Point* ou *Marianne* se sont beaucoup appuyés sur les études pour se développer et se faire une place dans le paysage, occupé jusque-là par les quotidiens ou leur supplément du week-end. À la grande époque, les ventes de ces hebdos connaissent une grande élasticité en fonction de l'actualité et surtout de l'efficacité de leur couverture. Longtemps, confectionner une bonne « cover » est resté une science quasi exacte. Sauf exception, l'international et l'économie font peu vendre. La politique et les sujets de société sont plus porteurs. Encore faut-il bien les choisir. C'est tout un art de choisir le bon sujet et la formule qui fera mouche. Franz-Olivier Giesbert, qui a dirigé successivement *Le Nouvel Observateur* (1985),

Le Figaro Magazine (1990) et *Le Point* (2000), avait dans ce domaine une solide réputation et des résultats flatteurs. Avec les « marronniers », le succès est quasiment garanti. Les numéros spéciaux sur l'immobilier, le salaire des cadres, le palmarès des grandes écoles ou des lycées, le guide des chambres d'hôtes ou les secrets de la franc-maçonnerie ont été conçus pour doper les ventes au numéro de 20, voire 30 ou 40 %. Accompagnée de campagnes d'affichage sur les kiosques dans les grandes villes, la recette a longtemps opéré. Et chacun surveille les performances des concurrents avec des tableaux de bord très complets, où l'on retrouve les unes de l'ensemble du marché avec les chiffres de vente qui sont publics. Lorsqu'un hebdo découvre un nouveau gisement d'audience comme la médecine par les plantes, le classement des hôpitaux, les numéros spéciaux sur le vin, sur les philosophes (Socrate, Platon) ou les villes (New York, Jérusalem), la tentation est forte chez les concurrents de s'en inspirer quelques semaines plus tard. Des choix très commerciaux qui n'altèrent en rien leur ligne éditoriale, leur combat ou leurs enquêtes.

Ces mêmes hebdos doivent maintenir coûte que coûte leurs audiences et leurs tirages. Pour cela, ils utilisent massivement les recettes les plus pointues du marketing direct pour inciter au réabonnement. Certains magazines d'actualité doivent renouveler 50 % de leur portefeuille chaque année. Ils achètent des adresses pour faire des mailings de plus en plus pointus. Et pour rendre les offres encore plus attractives, les cadeaux de bienvenue se multiplient et montent en gamme. Après les montres et les réveils, les cafetières Nespresso, les petites télévisions et les tablettes chinoises ou sud-coréennes ont pris le relais. Parfois les iPad, à condition de s'engager sur une période de trois ans. Ces recrutements d'abonnés coûtent les yeux de la tête, mais ils restent rentables : les éditeurs veulent éviter à tout prix toute baisse de diffusion qui aurait mécaniquement un impact négatif sur les recettes publicitaires et donc sur le chiffre d'affaires.

« Produits plus »

Pour les mêmes raisons, la presse quotidienne utilise aussi des techniques marketing pour soutenir les ventes de fin de semaine, si importantes en termes de revenus et de diffusion. Dans les années 2000, une recette va s'avérer très efficace pour améliorer la fidélité des lecteurs qui commencent à devenir volages : « les produits plus ». Ce sont des produits culturels, proposés principalement aux lecteurs du *Monde* ou du *Figaro* pour une majoration de prix minime. Les CD ont ainsi connu un grand succès, puis les livres d'art, les bandes dessinées et les encyclopédies. Pour que la magie opère, il faut que ces produits soient « statutaires », c'est-à-dire qu'ils soient de bonne qualité, haut de gamme et valorisants pour ceux qui les achètent. Il faut aussi qu'ils s'inscrivent dans une collection que les lecteurs voudront posséder intégralement, ce qui sera bon pour les ventes. *Le Monde* a fait un carton avec une collection de livres sur les philosophes. En 2004, *Le Figaro* a vendu semaine après semaine quelque

80 000 exemplaires de l'*Encyclopedia universalis*, alors qu'en version grand format, cette encyclopédie ne trouvait que 5 000 amateurs par an. Cinq ans plus tard, « la Bibliothèque idéale de Jean d'Ormesson » a connu un très grand succès avec ses trente chefs-d'œuvre de la littérature française vendus en tout à 2 millions et demi d'exemplaires.

La concurrence du digital pousse aussi la plupart des journaux papier à se remettre en cause en lançant de nouvelles formules. Puisque les lecteurs apprennent désormais 90 % des informations par la radio et surtout par leur smartphone, les quotidiens doivent en tenir compte et modifier substantiellement leurs contenus. L'adaptation doit être permanente. *Le Figaro* n'a pratiquement pas changé la formule du quotidien entre 1977 et 2000. Les refontes se sont succédé ensuite : 2005, 2008, 2011... C'est toujours un risque de changer les habitudes de lecteurs fidèles. Il ne faut pas se tromper. Le recours aux études marketing est indispensable pour comprendre ce qui plaît moins, ce qui mérite d'être supprimé et ce qu'il faut réinventer. La méthode la plus courante est celle des « vu, lu ». Une société spécialisée dans les études réunit un panel d'une quinzaine de lecteurs : des réguliers, des occasionnels ou des « abandonnistes ». Un terme barbare qui désigne ceux qui ont cessé d'acheter le journal. On leur soumet des exemplaires et on leur demande ce qu'ils ont vu et ce qu'ils ont lu. On peut aussi leur présenter des « numéros 0 », réalisés tout exprès, d'une nouvelle formule envisagée. Un animateur spécialisé mène les débats. Les échanges peuvent durer deux ou trois heures dans une salle vitrée.

De l'autre côté de la glace sans tain, l'état-major du journal suit les débats, stylo en main. Toute la difficulté est de savoir interpréter ce qui se dit. Tout n'est pas à prendre au pied de la lettre. Il faut faire la part de ce qui relève de la critique pertinente, de la volonté de tel ou tel de se valoriser ou de l'impact du groupe sur l'avis de chacun. Invariablement, ces lecteurs se disent friands d'actualité internationale, de pages d'idées et d'informations culturelles. Est-on dans la sincérité ou dans la posture ?

La conquête par le marketing

L'éditeur qui a le plus utilisé ces méthodes est Axel Ganz, lorsqu'il a créé Prisma en France. Pas le droit à l'erreur dans un marché qu'il veut conquérir, mais qui est tenu par des groupes français puissants. Son objectif n'est pas la presse d'opinion, mais plutôt le marché des magazines. Pour chaque lancement, le titre est peaufiné grâce à des mois d'études et de tests. Il s'attaque chaque fois à un segment de marché très encombré qu'il finit par dominer. *Télé Loisirs* s'attaque ainsi à *Télé 7 jours* en 1986, *Capital* à *L'Expansion* en 1991, *Gala* à *Paris Match* en 1993, *Management* à *L'Entreprise* en 1995. Et dans la grande majorité des cas, le succès est au rendez-vous. Un cas est particulièrement frappant : celui de *Femme actuelle*. Son ambition est alors de moderniser la presse féminine populaire à l'image de ce qui se fait en Allemagne et en Grande-Bretagne. L'hebdomadaire est lancé en 1984. Mais, quelques semaines auparavant, le groupe Hachette lui coupe l'herbe sous le pied en lançant, dans l'urgence et sans études poussées, *7 jours Madame*. Ce dernier ne tiendra que le temps de quelques numéros. *Femme actuelle* va écraser le marché et tuer au passage des titres bien installés comme *Femmes d'aujourd'hui*. Mais, preuve que le recours au marketing n'est pas une garantie absolue de réussite, le même Axel Ganz n'est pas parvenu à relancer comme il le souhaitait *VSD*, le seul grand titre qu'il ne créera pas, mais qu'il rachètera à la famille de Maurice Siegel. L'idée est de prendre en sandwich l'inaltérable *Paris Match* avec d'un côté *Gala* destiné au public féminin et d'un autre *VSD* pour les hommes. La manœuvre ne fonctionnera pas.

Les audiences dans les ascenseurs

Outre la presse magazine, l'audiovisuel est sans doute le secteur où les études sont le plus intégrées à la fabrication des contenus. D'abord, parce que ce sont des médias de divertissement où les questions éthiques sont moins prégnantes. Ensuite, parce que ses coûts très importants se financent intégralement par la publicité. L'arrivée de la télévision privée avec notamment la privatisation de TF1 en 1987 a été un accélérateur de cette tendance qui ne va cesser de s'amplifier. Immédiatement après avoir fait son chèque de 3 milliards de francs à Édouard Balladur, ministre des Finances, pour devenir propriétaire de la première chaîne, Francis Bouygues décide d'afficher dans les ascenseurs les scores d'audience de la veille. Un tabou tombe.

De même, la vie des radios est rythmée par la publication quatre fois par an des sondages Médiamétrie, déterminants pour les tarifs publicitaires. La publication de mauvais chiffres est régulièrement la source de crises internes qui débouchent invariablement sur des changements de ligne et de direction. C'est particulièrement vrai à Europe 1 où Jérôme Bellay arrive à l'été 1996 après des chiffres calamiteux pour la station de la rue François-Ier, qui passe sous la barre des 8 % d'audience. Fort de ses créations réussies de France Info et de LCI, il débarque en homme providentiel. Son verdict est immédiat. Dans le marché concurrentiel de l'époque, il expliquera à une rédaction médusée qu'« Europe 1, ça vaut 10 points d'audience ». Pas plus, mais pas moins. Il réussira son pari. Dix-huit ans plus tard, Laurent Guimier, son successeur, justifiera le choix de Nikos Aliagas pour la matinale d'Europe 1 par ses excellents scores dans les études réalisées auprès des auditeurs. C'est une pratique courante dans l'audiovisuel. Tous les médias y ont recours, peu ou prou. Telle radio ou telle télévision teste régulièrement l'image et la crédibilité de ses journalistes ou de ses animateurs avant de les mettre à l'antenne, de les déplacer, de les conforter ou de les remplacer.

Home Page Editor

Dans la presse écrite, la pression de l'audience est traditionnellement moins forte. Les ventes certifiées des quotidiens et des hebdos sont rendues publiques deux fois par an. Les directeurs disposent des chiffres de vente jour par jour, mais, la plupart du temps, ils les gardent pour eux. *Le Parisien-Aujourd'hui en France* a fait longtemps exception : Noël Couëdel et Christian de Villeneuve font eux aussi afficher les chiffres de vente dans les locaux. L'habitude s'est perdue lorsque les performances sont devenues moins flatteuses. Il existait aussi une réunion hebdomadaire où se retrouvaient les rédacteurs en chef et les patrons des services de la publicité, du marketing et des ventes. Les unes des sept derniers jours étaient disposées à même le sol, pour que la discussion puisse s'engager sur les performances de chacune des « manchettes ». Avec le digital, tout change. La mesure d'audience est partout et en temps réel. Les rédactions ont appris à apprivoiser cette nouvelle donne. Certaines d'entre elles vont plus loin, en intégrant le marketing en leur propre sein. Déjà, chaque rédacteur en chef numérique suit en permanence les performances de son site en général, et de chacun des contenus en particulier, grâce à une batterie de statistiques. Il y a des capteurs partout, qui sont autant d'indications sur la façon dont les gens s'informent. Une aide à la décision qui permet aux rédacteurs en chef d'arbitrer entre l'important et l'intéressant, qui coïncident parfois, mais pas toujours. Il ne s'agit pas de donner les clés au marketing et de le suivre aveuglément. Ce serait suicidaire, ne serait-ce qu'en termes d'image et de réputation. Mais la réaction de l'audience peut être un aiguillon pour monter un sujet qui rencontre un écho fort, l'étoffer, le démultiplier en plusieurs angles ou au contraire le minorer ou l'abandonner s'il présente un intérêt mineur. Chaque site travaille peu ou prou de cette façon.

Les plus audacieux vont plus loin et s'appuient sur des profils mixtes encore assez rares, à la fois journaliste et spécialiste du marketing éditorial. Certains, en sortant d'école de commerce, ont complété leur cursus avec une école de journalisme. Ils occupent souvent les postes de Home Page Editor. Leur mission est d'organiser la page d'accueil du site (la home) de la façon la plus optimale pour générer le plus d'audience. Ils supervisent aussi les Community Manager (CM) dont la mission est de présenter les contenus des sites sur les réseaux sociaux. Ils ont une connaissance très fine de ces fameuses communautés et leur proposeront les sujets qui résonneront le plus et qui susciteront le maximum de partages, de buzz, de polémiques et donc d'audience. Les sites les plus puissants en France disposent d'une dizaine de CM. Ils postent jusqu'à un contenu tous les quarts d'heure sur Facebook.

Le SEO (Search Engine Optimization)

Cette stratégie répond aux nouvelles habitudes de consommation des internautes, qui sont d'ailleurs souvent des mobinautes. Comme on l'a vu, BFMTV qui est arrivé en retard sur le numérique a tout misé sur le mobile qui représente 80 % de son audience. Les autres leaders du marché se situent autour de 50 ou 60 %. C'est à partir de 2014 que la consommation sur ordinateur est passée au-dessous des 50 %. Sur smartphone comme sur poste fixe, le numérique se consomme très différemment de la presse écrite. Dans le monde ancien, un lecteur achète son journal qu'il va commencer par la première ou la dernière page. Il regardera le sommaire, ou il ira directement à la rubrique qui l'intéresse. Il pourra aussi feuilleter rapidement son quotidien avant de se lancer dans la lecture d'un article. Sur le digital, seuls 20 % de l'audience sont réalisés en accès direct par un internaute qui, « à l'ancienne », décide d'aller sur son site préféré pour prendre connaissance de l'actualité. Ce qui signifie que 80 % de l'audience arrivent d'ailleurs ! Mais d'où ?

Le plus grand pourvoyeur d'audience est Google. La dépendance de chaque site au moteur américain varie d'un site à l'autre. Cela peut atteindre les 50 %. Les rédactions et les services marketing de chaque site s'organisent de façon à obtenir le meilleur référencement de leurs contenus qui leur assurera la plus forte audience. C'est un travail conjoint des journalistes et du « market ». L'un ne peut aller sans l'autre, sans quoi c'est l'échec assuré et la marginalisation. Les deux mondes ne peuvent plus s'ignorer. Ils doivent faire cause commune. L'essentiel des critères utilisés par Google est connu, même s'ils ne font pas l'objet d'une publication officielle. Le travail du marketing est de suivre l'évolution des algorithmes de l'américain et d'en connaître tous les ressorts. Pénétrez dans une rédaction digitale et vous n'entendrez parler que de SEO pour Search Engine Optimization. C'est le nerf de la guerre de l'audience. Le SEO désigne la stratégie de référencement qui permet la meilleure optimisation des moteurs de recherche. C'est l'obsession de tous les sites. Encore faut-il que les journalistes en tiennent compte dans leur manière d'écrire et de mettre en ligne leurs contenus. Les contraintes sont draconiennes.

Les secrets du référencement

Pour « bien remonter » dans les pages Google, le critère de pertinence est le plus important. Il faut que les mots-clés importants tapés par l'internaute se retrouvent dans l'article publié et, de préférence, le plus haut possible dans l'article. Inutile de faire des jeux de mots ou des « private joke » dans un titre. C'est l'assurance de ne pas être repéré par les moteurs de recherche qui n'ont pas le sens de l'humour. Une obligation souvent frustrante pour les journalistes. Il faut aussi que l'article s'affiche rapidement lorsqu'on clique dessus. Google n'aime pas les sites lents ou souvent en panne. Il est aussi sensible à la qualité de l'architecture technique et à la qualité du code de chacun des sites. Il valorise les sites qui ont adopté ce que l'on appelle le « responsive design » : une technique qui permet aux mêmes contenus de se mettre en pages indifféremment sur une version Web fixe ou Web mobile. Lorsqu'un gros événement survient, Google donnera une prime à la rapidité, mais aussi à la richesse de l'offre. Une vidéo pour renforcer un article sera la bienvenue. Et les petits malins qui voudront faire de l'audience avec des contenus intemporels seront débusqués. OK pour des recettes de cuisine, des fiches de jardinage ou des dictionnaires dans les sites d'actualité, mais à condition que ces contenus soient mis à jour régulièrement. Il ne s'agit pas de caprices, mais d'un ensemble de critères qui apportera le meilleur service aux internautes.

Outre Google, Facebook est l'autre grand pourvoyeur d'audience, mais dans une moindre proportion.

La situation est assez contrastée suivant les médias. Les plus jeunes ont tendance à s'informer essentiellement par les réseaux sociaux qui publient les contenus les plus forts ou les plus viraux des grands sites. À la fin de l'année 2017, Facebook a décidé de se recentrer sur la recommandation amicale au détriment des articles et des vidéos provenant des médias. Un retour aux sources qui cache mal une volonté plus mercantile de valoriser l'audience que Facebook offrait gratuitement et généreusement aux sites d'information.

Apple News, un club très fermé

Dernier levier crucial pour l'audience, Apple News. C'est une sélection de quatre articles qui apparaît sur les écrans des possesseurs d'iPhone. Ce système est conçu comme une recommandation de lecture sur les grands sujets d'actualité. Une sorte de revue de presse ! Les propositions fluctuent en temps réel. Un article peut rester quelques minutes ou quelques heures. Figurer dans cette sélection est l'assurance de réaliser une audience canon sur la journée avec une hausse de 10 à 25 %. C'est devenu l'EPO des rédactions. Mais l'on sait que tous les sites ne sont pas éligibles à cette sélection. Il y aurait une liste officieuse de vingt-quatre grands médias et une sélection d'autres publications. Certains en ont été exclus un temps ou plus durablement, comme France 24, *Paris Match* ou *L'Obs*. La mésaventure est aussi arrivée à *Marianne* le 17 octobre 2017 : ce fut « le passage de l'âge d'or à l'âge de plomb », écrit l'hebdo avec franchise.

L'audience de son site a fondu de 35 % dans le mois qui a suivi la décision du géant américain[1]. « Quand on est sur Apple News, on a l'impression d'être les rois du pétrole. Ne plus y être du jour au lendemain change tout », raconte Delphine Legouté, la rédactrice en chef de marianne.net, qui pointe le copinage et l'amateurisme du système, qui ne fait pas intervenir de journalistes dans sa version française. Tout est automatique. Les critères pour apparaître ne sont pas connus. Le détail de l'algorithme d'Apple est un secret bien gardé. Chaque site a sa petite idée : chacun élabore, en fonction de ses intuitions, de fines stratégies pour faire partie des heureux élus. Dans les pays anglo-saxons comme les États-Unis, Apple News a la même influence sur l'audience, mais la forme diffère. C'est une appli gérée par une petite équipe d'une vingtaine de journalistes expérimentés.

1. *Marianne*, 12 avril 2018.

Chapitre XI

LES MOBINAUTES ATTAQUENT

Au départ, on pensait que c'était un gadget. Au début de l'année 2010, les dirigeants d'Apple avertissent la rédaction du *Monde*, avec laquelle ils entretiennent des relations privilégiées, qu'ils vont bientôt proposer un système d'alerte pour les nouvelles urgentes sur leurs iPhone. Le quotidien du soir met les bouchées doubles pour être prêt le jour J. *Le Monde* est d'autant plus motivé que *Le Figaro* a annoncé une nouvelle formule pour l'été et qu'il semble acquis qu'elle intégrera ces fameux pushs (messages d'alerte). Finalement, *Le Monde* sera le premier et le seul à les proposer.

« Battle » géante

Ce nouvel outil brûle les doigts de la rédaction. Grâce à cette innovation, le mobinaute ne ratera rien. Le push lui permet d'être aussi bien informé qu'un journaliste. Il renforce la relation du quotidien avec ses lecteurs qu'il suit en permanence et qu'il peut abreuver d'informations. Le premier jour, *Le Monde* va lancer une bonne vingtaine de pushs. Il va falloir se calmer. Ces alertes sont très intrusives. Impossible de les actionner à tout bout de champ. Si elles le perturbent trop, le mobinaute peut désinstaller l'option… Assez vite, *Le Monde* et ses concurrents feront le constat qu'à plus de huit pushs par jour, le risque de rejet est fort. Il convient de faire attention, d'autant qu'avec le temps, ces alertes apparaissent bien mieux qu'un gadget. C'est bien un média à part entière qui a ses règles et ses codes. Il a surtout la particularité d'être extrêmement puissant. Aujourd'hui, lorsqu'un grand site envoie un push, il touche d'un seul coup 1 à 3 millions d'utilisateurs, suivant la richesse de la base de chacun.

Dans les premiers temps, ce nouveau média a servi exclusivement à annoncer des nouvelles urgentes, ce qui a relancé instantanément la concurrence entre toutes les rédactions. La rapidité est un critère de performance et d'efficacité pour un média chaud. La compétition qu'ont connue jadis Europe 1, RTL et France Info, puis LCI, I-Télé devenu CNews et BFMTV s'étend à tous les médias en une « battle » géante. Tout le monde se pique au jeu : les sites des quotidiens, des hebdos. Et logiquement, l'audiovisuel part avec une longueur d'avance. C'est son ADN. Chaque seconde, chaque minute d'avance est bonne à prendre. À un bémol près. Là encore, les éditeurs sont tributaires d'Apple (et de ses concurrents) dont le fonctionnement conserve une part d'ombre. Une source régulière de frustration pour les rédactions. Les messages d'alerte sont lancés manuellement par les rédactions grâce à des logiciels particuliers. Les rédacteurs en chef doivent décider en temps réel si une nouvelle qui tombe sur les téléscripteurs mérite ou non d'être partagée grâce à ces pushs. Si la réponse est oui, ils n'arrivent pas instantanément à leurs destinataires. Apple et ses concurrents les envoient « par paquets » successifs. Et plus un site a une base importante de mobinautes à toucher, plus le risque est grand d'être servi avec quelques minutes de retard, le temps que tous les « paquets » soient envoyés.

La guerre des fils d'info

Pour maximiser l'audience, chaque site instaure ses propres règles. Certains rédigent ces pushs de façon explicite. Toute l'information est donnée en une phrase. Exemple : « Le chômage a baissé de 0,5 % au mois de janvier. » Mais d'autres préfèrent indiquer seulement la tendance sans plus de précision : « Chômage en nette baisse en janvier. » Une astuce pour inciter l'internaute à « ouvrir » le push qui engrangera ainsi dans ses statistiques une visite de plus. Il faut en effet reconnaître que la plupart des destinataires se contentent de lire l'information sans entrer sur le site où les attend un petit article de quelques lignes… Seulement 1 à 2 % de ces alertes donnent lieu à une « ouverture ». De sorte que certains médias ont transformé leur système d'alerte en un fil ininterrompu de nouvelles. C'est le cas de RMC Sport qui égrène résultats, scoops, vidéos et déclarations à un rythme soutenu. Le cap des 20 à 25 messages quotidiens est régulièrement atteint.

L'irruption des pushs est un vrai défi pour l'Agence France Presse qui, jusqu'à présent, par sa puissance exceptionnelle, avait le monopole de l'information urgente. C'est elle qui signalait à l'ensemble des médias un attentat ici, un tremblement de terre là, la démission d'un ministre ou le lauréat du prix Goncourt. Dans cette course de vitesse pour être les premiers, l'AFP devait surveiller les deux autres grandes agences mondiales : AP et Reuters. Maintenant que les rédactions de presse écrite et les chaînes d'information permanente se retrouvent en concurrence avec ces fameux pushs, la compétition s'ouvre et se durcit nettement sur l'actualité franco-française. Et l'AFP perd l'une de ses spécificités. Dans bien des rédactions, le Graal est de pouvoir lancer une alerte avant ses concurrents, mais surtout avant l'Agence France Presse. Une avance bienvenue qui permettra un meilleur référencement par Google.

Outils de promotion

Pour les grandes rédactions de quotidiens ou d'hebdomadaires, ces alertes sont une aubaine qui leur permet d'accéder à une audience beaucoup plus large. Jadis, elles devaient conserver une information exclusive plusieurs heures, voire plusieurs jours, avant de pouvoir la publier. Elles étaient tributaires du « bouclage » du journal papier quotidien ou hebdomadaire. Avec l'apparition des sites fixes, la donne a commencé à changer. Avec les pushs combinés au développement des mobiles, elles peuvent atteindre tout de suite leur public sans attendre, et en récolter les fruits immédiatement en termes d'image et d'audience. Désormais, un quotidien qui doit publier le lendemain une interview exclusive, un scoop ou un sondage, le signalera dès la veille au soir. Car s'il attend le lendemain, son information originale sera immédiatement reprise par les autres sites concurrents qui feront leur audience dessus. Le message d'alerte se transforme ainsi peu à peu en outil de promotion. Les chaînes de radio ou d'info l'ont bien compris, qui avertissent systématiquement lorsqu'un événement important se produit sur leur antenne : l'interview politique dans la matinale ou la retransmission d'un fait d'actualité. L'objectif est ici d'inciter à écouter ou à voir immédiatement en passant par exemple par le truchement de l'appli.

Signe de cette évolution, le jingle qui annonce l'arrivée d'une alerte commence à ressembler à ceux des radios et des télévisions. France Info a reproduit une version courte de l'habillage sonore signé Jean-Michel Jarre et l'a mise à l'antenne à la rentrée de 2014. De son côté, *Le Figaro* est allé chercher trois notes du *Barbier de Séville*, l'opéra de Rossini, dont l'un des héros est évidemment *Figaro*. Mais cela ne suffit pas pour améliorer le fameux taux d'ouverture, synonyme d'audience additionnelle. Un nouvel artifice est apparu pour les personnaliser et les rendre plus « appétissants » : la reproduction de petites photos à droite du texte. Elles suscitent un effet de curiosité supplémentaire qui incite à ouvrir ces pushs. Les émoticônes qui introduisent de l'humour ou de l'émotion à l'information connaissent aussi un grand succès. Au début, les rédactions utilisaient des symboles assez neutres pour attirer l'attention : pour une information urgente, un éclair (France Info), un point d'exclamation (RMC) ou un rond rouge (BFMTV). Puis tout le monde s'est pris au jeu des émojis. Il y a désormais comme une surenchère entre les médias. Il faut dire qu'ils ont l'embarras du choix. Ces émojis agissent, c'est selon, comme un clin d'œil bienvenu ou comme un élément de dramatisation. Le premier émoji remonte à 1998. Il a été créé par Shigetaka Kurita comme un service supplémentaire pour le réseau mobile de NTT DoCoMo. L'utilisateur peut alors choisir dans une bibliothèque de 172 symboles. Tous les autres opérateurs s'y sont mis les uns après les autres. On considère qu'ils sont utilisés dans un message sur vingt !

Désormais, ces émojis sont codifiés par une association à but non lucratif baptisée Unicode. Elle regroupe les géants du secteur comme Adobe, Apple, Facebook et Google. Quatre fois par an, elle se réunit pour adopter ensemble de nouveaux émojis qui apparaissent ensuite à l'occasion des mises à jour d'iOS et d'Android. Les médias les utilisent de plus en plus, car la base est de plus en plus riche. Au démarrage, le choix se limitait à une petite voiture pour le Mondial de l'Auto, un soleil pour la météo, etc. Désormais, ces nouveaux émojis sont davantage connectés à l'air du temps et visent à mieux représenter les minorités (les handicapés, les roux, etc.) ou à promouvoir le droit à la différence (couple mixte, couple LGBT ou femme voilée). Un choix qui permet aux médias une personnalisation à l'infini de leurs fameux pushs.

Des pushs ciblés

D'autres innovations avec un choix plus ciblé des destinataires pourraient aussi améliorer leur efficacité. Pour le moment, les envois sont assez basiques. La plupart du temps, ils sont adressés indifféremment à la totalité de la base de chaque média. Mais il est possible d'aller beaucoup loin et d'ajuster son usage pour en faire un outil marketing plus précis. Aux États-Unis, CNN propose à ses mobinautes de choisir entre trois formules : uniquement les informations essentielles de la journée, soit en moyenne deux pushs par jour ; les informations les plus marquantes, soit trois à six alertes quotidiennes ; l'intégralité des pushs, soit plus de huit. Certains sites, y compris en France, commencent aussi à proposer du sur-mesure. L'amateur de sport peut sélectionner sur l'appli de *L'Équipe* les alertes qui concernent exclusivement tel sport, telle compétition, telle équipe ou tel joueur… Pure People propose un filtre par émission de télévision ou par personnalité. Les autres grands médias vont les uns après les autres se convertir à ces « pushs segmentés » qui permettent de renforcer le lien entre l'internaute et son site.

Mais déjà, certaines rédactions préparent l'étape suivante. Elles enverront de leur propre initiative les pushs qui intéresseront le plus chaque mobinaute, en fonction des sujets et des articles qu'il a l'habitude d'ouvrir : la politique, la tech, le PSG ou les recettes de cuisine. En termes de fréquentation, cette segmentation sera plus efficace suivant le principe des petits ruisseaux qui font les grandes rivières. Mieux ciblées, ces alertes seront davantage ouvertes et créeront une multitude de pics d'audience. Ces techniques marketing permettent aussi d'influencer le mobinaute pour qu'il ne change pas ses habitudes... On considère que les amateurs d'information peuvent télécharger jusqu'à une dizaine d'applications d'actualité sur leur téléphone. Ils en utilisent régulièrement deux, plus exceptionnellement deux autres. Les six restantes sont pour ainsi dire « dormantes », sauf en cas de gros événements comme les attentats terroristes, par exemple. À ce moment-là, les utilisateurs vont chercher à être surinformés et vont faire le tour de leurs applis. C'est l'occasion pour les rédactions de renouer avec leur public occasionnel et de les convertir.

Télés et radios bousculées

Pour l'audiovisuel, ce foisonnement de pushs et cette ruée vers l'information permanente représentent une nouvelle donne. Le mobile apparaît comme en concurrence frontale avec la radio et la télévision. Chacun s'informe désormais en temps réel et vit au rythme de l'actualité, où une nouvelle chasse l'autre. L'utilisateur est incité à une consommation délinéarisée de l'actualité. Pour avoir les dernières nouvelles, il devient inutile de se brancher sur France Info, RTL, Europe 1 ou BFMTV, encore moins de regarder le journal de 20 heures, puisque votre appli préférée vous aura averti instantanément d'une information urgente. Elle vous aura aussi proposé de lire un court article ou de regarder une vidéo ou une infographie animée.

Ce que l'on a constaté avec les quotidiens se reproduit avec les radios, les journaux télévisés et même les chaînes d'info continue. L'audiovisuel a perdu son monopole de l'annonce des nouvelles. Radios et chaînes d'info doivent se réinventer pour conserver l'intérêt du public. Le PAF (paysage audiovisuel français) change lui aussi à vue d'œil.

La grand-messe du 20 heures connaît un effritement continu de son audience. En 1991, Patrick Poivre d'Arvor réunissait chaque jour plus de 13 millions de téléspectateurs sur TF1. Il n'en reste plus que la moitié pour suivre Gilles Bouleau. Et entre 4 et 5 millions pour le 20 heures de France 2. L'audience s'atomise peu à peu. L'évolution est lente mais inexorable. Du coup, le contenu des JT ne cesse d'évoluer. Jadis, ils consistaient en une succession de sujets brefs et formatés et d'invités. Avec la concurrence, les sujets sont plus longs, les enquêtes plus fouillées, la présentation moins statique avec des lancements réalisés debout. M6 a joué les précurseurs avec notamment Xavier de Moulins. Fini l'homme (ou la femme) tronc comme Roger Gicquel, Jean-Claude Bourret ou Christine Ockrent et Claire Chazal. Le genre évolue avec des présentateurs comme Anne-Sophie Lapix ou Laurent Delahousse.

Pour les radios historiques comme RTL, Europe 1, France Inter et RMC, l'apparition du push leur retire l'une de leurs vocations historiques : être le média d'alerte par excellence. Celui qui vous apprend le premier l'information qui tombe sur les téléscripteurs… Dans les années 1970, RTL interrompait en permanence ses programmes par des flashs spéciaux, lorsqu'une nouvelle marquante survenait. Les radios doivent s'adapter en cultivant désormais leur vocation d'accompagnement des auditeurs. France Info est également directement concurrencée. Lors de son lancement en 1987, son premier directeur, Jérôme Bellay, avait imaginé une grille assez mécanique qui proposait un rappel des titres toutes les sept minutes : les « France Info Express ». La concurrence du mobile rend cette construction obsolète. Ces résumés de l'actualité reviennent moins souvent pour laisser la place à des développements plus longs. BFMTV, dont la création remonte seulement à 2005, a dû corriger le tir assez vite en revoyant son concept, en raison précisément de la montée en puissance des smartphones. Il a fallu inventer de nouveaux contenus pour ses 10 à 12 millions de téléspectateurs quotidiens. Le public apprend désormais les grandes nouvelles de l'actualité par son téléphone.

La fin des boucles d'info

En 2010, lorsque Alain Weill va chercher Hervé Béroud à RTL pour lui confier les rênes de la rédaction de BFMTV, ils décident donc d'infléchir la ligne éditoriale de la chaîne. Ils suppriment la boucle d'information permanente qui se renouvelait tous les quarts d'heure pour la remplacer progressivement par des programmes différents : de longs reportages sont programmés le soir après 22 heures, présentés par Jean-Baptiste Boursier puis par Bruce Toussaint. De plus grands formats de cinquante-deux minutes :

« Macron, le casse du siècle » ou « Qui a tué François Fillon ? ». Puis des émissions de débriefing de l'actualité se multiplient en fin de journée. Les formats courts, jadis très prisés, sont remplacés par des émissions où l'on prend son temps. Les interviews de Ruth Elkrief ou de Jean-Jacques Bourdin dépassent chacune les vingt minutes, alors qu'il y a encore dix ans les entretiens politiques étaient deux fois plus courts, notamment à la radio. La matinale de Christophe Delay et Adeline François est clairement conçue comme une « émission d'accueil » qui concurrence directement les programmes des grandes chaînes historiques, au point d'occuper aujourd'hui la deuxième place en audience à cette heure-là, juste derrière Télématin sur France 2. Et, lorsqu'un événement majeur survient, BFMTV « se met en édition spéciale » en alignant des moyens de couverture considérables. Une formule qui lui permet aussi de concurrencer les grandes chaînes. BFMTV peut devenir, l'espace d'une journée, la première chaîne de France : on l'a vu lors de la présidentielle de 2017, de la crise des Gilets jaunes ou lors des attentats terroristes.

Cette nouvelle stratégie de BFMTV a aussi l'avantage de rallonger la durée d'écoute et de gonfler mécaniquement l'audience et donc le chiffre d'affaires publicitaire, malgré un marché concurrentiel atypique. La France est le seul pays du monde à avoir quatre chaînes d'information en continu : BFMTV, LCI, CNews et France Info ; il faut y ajouter les deux chaînes parlementaires (Public Sénat et LCP), TV5 Monde, Euronews et France 24. Malgré cette profusion, BFMTV contrôle, comme on l'a vu, autour de 50 % du marché. Son audience se situe entre 2 % et 2,5 %. À comparer au 1 % de CNN et de la plupart des chaînes d'info européennes et aux 4 % d'une chaîne polonaise.

Le mobile à la fois téléviseur et transistor

Les relations entre le mobile et l'audiovisuel sont schizophréniques. Parfois, ils sont en concurrence. C'est pour cela que les radios et les télévisions ont été obligées de revoir leur stratégie éditoriale. Mais, parfois, le mobile devient l'allié de la radio et de la télévision puisqu'il est aussi un téléviseur portable et un transistor. Globalement, près de 10 millions de Français regardent chaque jour la télévision autrement : c'est-à-dire sur Internet (ordinateur, smartphone, tablette), en live ou en replay[1]. Des modes de consommation qui représentent des audiences additionnelles de plus en plus significatives. Les jeunes sont évidemment les moins fidèles au poste télé traditionnel, qui est voué à être de plus en plus directement concurrencé. L'audience radio réalisée grâce aux smartphones devient elle aussi importante. Des mesures d'audience sont réalisées chaque mois par Médiamétrie pour évaluer le poids de la diffusion numérique à partir des téléphones, tablettes, TV connectées, box internet transistor numérique, autoradio connecté et agrégateur de flux. RMC, France Inter, NRJ et France Info se disputent d'ailleurs les quatre premières places. Cette audience digitale

1. Étude Global TV, Médiamétrie, avril 2018.

peut représenter 20 % de l'écoute quotidienne pour RMC. Elle permet d'intégrer les auditeurs de l'étranger et surtout ceux qui habitent dans des régions peu ou mal couvertes par les émetteurs FM. RMC, dont le bassin d'audience historique est le Sud, peut ainsi compenser ici et là des manques sur le territoire.

Podcasts ou balados ?

Si la radio commence donc à être très écoutée sur smartphone en direct, elle l'est aussi de plus en plus en différé. L'écoute délinéarisée se développe avec les podcasts, un drôle de mot, contraction de iPod et broadcast, imaginé en 2004 par Ben Hammersley, un journaliste de la BBC. Les Québécois parlent plus volontiers de balados… Il s'agit de chroniques ou d'émissions radio que l'on peut télécharger pour les écouter tranquillement après leur diffusion, sans être tributaire de leur horaire de passage à l'antenne. Une étude de Médiamétrie évalue à 4 millions par mois le nombre de Français qui écoutent des podcasts[2]. Une habitude qui s'installe, là encore, plutôt parmi les jeunes urbains de 25 à 49 ans. Les émissions humoristiques connaissent ainsi une deuxième vie, comme Nicolas Canteloup (Europe 1), Laurent Gerra ou « Les Grosses Têtes » (RTL). Les émissions de connaissance, de témoignage ou de récit sont aussi plébiscitées. France Inter et France Culture sont parmi les radios les plus podcastées. Europe 1 a même lancé

2. Étude Médiamétrie, avril 2018.

Europe 1 Studio, qui s'est spécialisé dans la production de formats hors antenne à télécharger.

Aux États-Unis, ce marché est en plein essor. On considère que le quart de la population écoute ce type de programmes. Un marché difficile encore à monétiser, car les mesures d'audience restent imprécises. Mais le phénomène est tel qu'il intéresse des acteurs dont la radio n'est pas le métier. Des magazines ou des sites internet se lancent dans de la création « native ». Des plates-formes comme Deezer ou Spotify ont la même stratégie pour réduire leur dépendance aux maisons de disques et à la musique. La production est peu onéreuse et permet de toucher des publics spécifiques avec des émissions ciblées qui n'ont pas leur place sur des radios nationales. En France, des projets plus ambitieux commencent à sortir. Notamment celui de Mathieu Gallet, l'ex-P-DG de Radio France. Sa société, Majelan, qui a comme actionnaires Xavier Niel ou Jacques Veyrat, développe une plate-forme qui proposera des catalogues existants et des créations nouvelles. Une sorte de Netflix du podcast, qui s'inspire aussi du système d'agrégation de Spotify. C'est la première tentative sérieuse pour trouver une monétisation de ce nouveau média.

Nouvelles concurrences pour la radio

Autre nouvelle consommation délinéarisée : les enceintes connectées lancées en 2018 en France et qui répondent à la voix. Google Home, Amazon Echo et l'Apple Home Pod proposent des flashs d'information à la demande, produits tout exprès par les grands médias audiovisuels : France Info, BFMTV, RTL, etc. Il suffit d'interroger son enceinte (« Quelles sont les nouvelles du jour ? ») et de la configurer sur sa rédaction préférée pour obtenir immédiatement les grands titres de l'actualité. Ce nouveau média ne s'est pas encore installé durablement dans la vie quotidienne des Français. Il peut devenir un substitut à l'écoute de la radio.

À plus court terme, le numérique va permettre à de nouveaux acteurs de se lancer sans avoir à se constituer un réseau très onéreux de relais hertziens pour être diffusés en FM. C'est la RTN (radio terrestre numérique), pendant de la TNT (télévision terrestre numérique) qui a été relancée par le CSA fin 2018… BFMTV va ainsi proposer ses programmes en audio. Baptisé BFM Radio, ce programme vient concurrencer directement France Info qui était, jusque-là, le seul programme tout info disponible en voiture. La RTN va permettre à toutes les radios privées, petites ou grandes, de disposer d'une couverture nationale, qui était jusque-là l'apanage du service public.

Il y a aussi, à plus long terme, les conséquences de la voiture connectée. Si les automobiles se conduisent toutes seules, il faudra passer le temps. L'image, la vidéo et la télévision viendront à coup sûr concurrencer la radio sur le seul terrain où elle n'était pas attaquée jusque-là : l'habitacle des voitures. Il sera difficile de résister à l'attrait de l'image, qu'elle soit proposée par les chaînes de télévision ou par des plates-formes comme Netflix. Quoi de plus attrayant que de consommer une bonne série pendant un long voyage…

Chapitre XII

LES INTERNAUTES PRENNENT LE POUVOIR

La prise de conscience n'a pas été immédiate. Les journalistes ont mis du temps à réaliser que le numérique et l'interactivité qu'il permet leur disputent de plus en plus frontalement leur magistère sur l'opinion publique. Le phénomène s'est imposé peu à peu. Certains journalistes continuent à rester sceptiques. Mais force est de constater que l'arrivée d'Internet les a fait tomber progressivement de leur piédestal. Jusqu'alors, le système médiatique fonctionnait sur un mode exclusivement vertical. Les journalistes écrivaient, commentaient, tranchaient, éditorialisaient. Le public lisait, écoutait et regardait. Les rôles étaient bien repartis et chacun restait dans sa ligne.

Le courrier des lecteurs

Les espaces d'expression pour les citoyens restaient rares et circonscrits dans les médias. C'était le « courrier des lecteurs », relégué dans un coin du journal, pas toujours très en vue. Un premier changement s'opère avec la nomination de médiateurs dans les grands médias. *The Washington Post* a joué les précurseurs dans les années 1970, puis *El País* et *Le Monde* dans les années 1980. On en compte aujourd'hui une dizaine dans la presse française. Leur fonction est d'instaurer un dialogue direct entre les journalistes et les lecteurs dont l'opinion doit être davantage prise en considération. L'audiovisuel public a repris l'idée plus tardivement avec, par exemple, Marie-Laure Augry qui occupe cette fonction à France 3 dans les années 1990. Elle explique alors que « les téléspectateurs avaient envie que leur parole soit prise en compte ». À son époque, *L'Événement du jeudi* se proposait de poursuivre le dialogue dans des rencontres avec les lecteurs. *Le Monde* a confié au fil du temps cette difficile mission de médiateurs à des journalistes chevronnés (et diplomates), parfois d'anciens directeurs : André Laurens, Thomas Ferenczi, Robert Solé, Véronique Maurus et Pascal Galinier. En 2008, *Le Figaro* a lui aussi proposé un format comparable, « De vous à moi », signé par Paul-Henri du Limbert, ancien numéro deux du journal.

L'objectif est de restituer les réactions des lecteurs sur les grands sujets de l'actualité et, le cas échéant, de répondre aux critiques qui se font jour sur la couverture de ces événements : question sur les choix des sujets, leur hiérarchie, les titres, leur place dans le journal, certains partis pris, etc. Le médiateur rédige chaque semaine un article et se risque parfois à faire un mea culpa. Par exemple, en janvier 2018, Franck Nouchi détaille l'art et la manière de titrer, après de nombreuses critiques, sur l'accroche d'un article qui traitait du projet de stockage de déchets radioactifs à Bure à la une du quotidien[1]. Puis, le 8 septembre 2018, il s'interroge à voix haute : « *Le Monde* a-t-il surjoué l'affaire Benalla ? » Il répond aux centaines de lecteurs qui ont trouvé que leur journal en avait trop fait et avait eu tort de parler d'une « affaire d'État[2] ». Son rôle est fondamental alors que l'incompréhension grandit contre les médias, comme on l'a constaté pendant la crise des Gilets jaunes. Pour Franck Nouchi, « plus on explique ce que l'on fait, comment on le fait, les difficultés que l'on rencontre, plus on avoue nos erreurs, plus on dialogue avec les lecteurs et plus on arrivera à vaincre ce mur de méfiance qui s'est installé petit à petit entre nous[3] ».

« Les auditeurs ont la parole »

L'expérience du médiateur est intéressante, mais il reste dans un rôle d'intermédiaire. Les lecteurs, auditeurs, téléspectateurs doivent passer par lui pour dire leur mot. Sous une forme plus directe et plus formatée, *Le Parisien* a renouvelé le genre avec sa « Voix express », inspirée d'une rubrique de l'*USA Today*. L'idée, lancée dans les années 1990, est d'interroger un panel de cinq lecteurs censé représenter la diversité de l'opinion publique. Les points de vue sont reproduits avec la photo de chacune des personnes interviewées.

1. *Le Monde*, 30 janvier 2018.
2. *Le Monde*, 8 septembre 2018.
3. InaGlobal, 16 octobre 2017.

C'est un rendez-vous très lu du journal, qui requiert toute l'attention de la rédaction. Le choix de la question est l'un des temps forts de la conférence de rédaction du matin.

Mais c'est la radio, encore elle, qui très tôt va ouvrir son antenne à ses auditeurs et les inciter à s'exprimer en toute liberté… En septembre 1985, RTL lance « Les auditeurs ont la parole », qui reste, encore aujourd'hui, une émission phare de la station. À la même période, Europe 1 lance « Vos yeux, vos oreilles sur l'actualité », un programme plus éphémère présenté par André Arnaud. Au démarrage, la main tremble un peu rue François-Ier, devant le risque de dérapage que peut représenter une libre antenne avec des auditeurs. Dans les premiers temps, par prudence, Europe 1 enregistre les interventions qui sont jouées en faux direct, mais, très vite, le *live* s'imposera partout. Il deviendra un pilier de la grille du nouvel RMC, après son rachat par Alain Weill en 2001.

La télévision n'est pas en reste. Le SMS va permettre de donner la parole pendant les émissions de débats et d'actualité. Ces messages s'affichent dans un déroulant en bas de l'écran de « C'est dans l'air », une émission créée en 2001 par Jérôme Bellay et Yves Calvi sur France 5. L'idée va être abondamment reprise, jusqu'à un dérapage non contrôlé dans l'émission « On ne peut pas plaire à tout le monde » de Marc-Olivier Fogiel sur France 3. Nous sommes le 5 décembre 2003 et l'animateur revient sur l'émission de la semaine précédente, dont l'humoriste Dieudonné était l'invité. C'est là qu'il avait fait son fameux sketch sur « L'axe américano-sioniste » qui avait créé une grosse polémique. Dieudonné accuse l'animateur d'avoir fabriqué de toutes pièces plusieurs faux SMS, rédigés avec des fautes d'orthographe pour les rendre plus vraisemblables et diffusés juste après le passage du sketch controversé. L'un d'eux avait mis le feu aux poudres : « Dieudo, ça te ferait rire si on faisait des sketches sur les odeurs des Blacks ? » L'assistant de l'émission a reconnu avoir rédigé lui-même ce message à la demande du rédacteur en chef de l'émission. Marc-Olivier Fogiel a eu beau plaider qu'il s'agissait là d'un condensé de plusieurs SMS, il a été condamné « pour injure à caractère racial[4] ». Après cet épisode, la vogue des SMS est un peu passée à la télévision. D'autant que l'espace laissé par les déroulants sur les écrans laisse peu de place à l'expression d'une argumentation étayée. Bien plus tard, les habitudes évolueront avec Twitter et Facebook. D'après certaines études, 70 % des téléspectateurs utilisent leur téléphone ou leur ordinateur tout en regardant un programme. La plupart du temps, c'est pour réagir ou critiquer sur les réseaux sociaux. Le « Quotidien » de Yann Barthès sur TMC, « Touche pas à mon poste » sur C8, « L'Équipe du soir » sur la chaîne du quotidien sportif et l'élection de Miss France sont les quatre émissions les plus discutées sur Twitter en 2018.

4. *Le Monde*, 29 septembre 2005.

L'ère des blogs

Mais revenons aux origines du numérique, dans les années 2000. C'est avec l'apparition des blogs que le public va vraiment prendre le pouvoir et le disputer aux journalistes. À cette époque, les sites internet commencent à regarder ce nouveau phénomène pour des raisons souvent intéressées. Accueillir des blogs sur son propre site est l'assurance de voir son audience progresser mécaniquement de 10 à 15 %. Proposer des blogs est aussi une façon de calmer les ardeurs des journalistes qui se plaignent régulièrement du manque de place dans l'édition papier. On propose alors aux rédacteurs spécialisés d'ouvrir un blog qui leur permettra une couverture exhaustive et plus éditorialisée de leur secteur. Assez vite, de nombreux journalistes se décourageront devant l'ampleur de la tâche. Pour qu'un blog vive, il faut l'alimenter trois ou quatre fois par semaine. Il faut aussi que l'audience soit au rendez-vous, ce qui n'est pas toujours le cas, si le propos est trop général. S'il est ciblé, le succès peut être éclatant. Au *Figaro*, le blog très engagé d'Ivan Rioufol a enregistré pendant des années les meilleurs scores du site. Et de très loin. Il a réussi très vite à fédérer une communauté puissante et fidèle autour de ses posts.

À côté de ces blogs de journalistes professionnels, on a vu aussi des non-professionnels s'emparer de ce nouveau mode d'expression pour faire irruption dans le débat public. Au *Monde*, Bruno Patino lance en 2007 le « Post », qui publie les informations et commentaires des internautes. En audience, c'est un carton avec plus de deux millions de visiteurs uniques. Certains contributeurs seront même rémunérés. Mais l'expérience s'arrête en 2012, faute de revenus, car les annonceurs se détournent de ces contenus jugés « incontrôlables ». La page d'accueil du Post redirige vers le *Huffington Post*.

Du journalisme sans journalistes

Les sites installés n'étaient pas toujours très à l'aise avec les blogs, car ils n'en contrôlaient pas le contenu alors qu'ils engageaient leur responsabilité, puisqu'ils étaient logés chez eux. Ces blogs prennent la forme d'un journal personnel et subjectif sur un sujet particulier. Certains, par leur liberté de parole, vont devenir des concurrents directs de la presse installée. Avec un ton plus libre, sans prendre de gants, les blogueurs ont imposé un style authentique et sans façon, que le public a eu vite fait d'opposer aux articles traditionnels des journaux, où les choses sont suggérées ou à moitié dites et où le poids des annonceurs peut parfois brider la liberté des rédacteurs. Le phénomène a été très puissant dans certains domaines, comme celui de la mode par exemple. Il est venu des États-Unis avec des blogs comme « The Budget Fashionista » ou « Style Rookie », qui se posent en « challengers » des signatures les plus installées comme Suzy Menkes (*The International Tribune* puis *Vogue*). La presse commence à se demander très sérieusement si ces nouveaux contenus ne sont pas en train de tuer leur propre métier. Après tout, c'était de l'information sans intermédiaire, sans filtre, sans édulcorant. Un citoyen lambda peut enfin s'exprimer sans demander l'autorisation à un journaliste. Le rêve ! Une manière de tenir à distance les rédactions dont les enquêtes d'opinion soulignent qu'elles suscitent la suspicion des lecteurs. Les rédacteurs sont jugés trop complaisants, trop liés au « système », trop égocentrés, comme le marque le baromètre annuel de Kantar/Sofres sur la confiance des Français.

Publié par le quotidien *La Croix* depuis 1987, cette étude met en évidence, année après année, cette défiance constante des Français. Deux personnes interrogées sur trois estiment que les journalistes ne sont pas indépendants des pressions des partis politiques et du pouvoir de l'argent. Alors, évidemment, le blog est perçu comme une émanation de la vraie vie et du terrain qui, lui, ne ment pas. Mais cette tendance va s'estomper avec la montée en puissance des réseaux sociaux. Dans la mode, Instagram va par exemple prendre le relais. De même que YouTube avec ses chaînes thématiques.

En attendant, les blogs vont devenir de nouvelles sources d'information pour les journalistes. La presse installée ne va pas pouvoir ignorer le phénomène, faute de passer à côté d'informations importantes ou intéressantes pour son public. C'est l'illustration de ce que Laurent Guimier, l'actuel vice-P-DG d'Europe 1, appelle la nuit du 4 août numérique. « On a mis sur un pied d'égalité un post de blog et un article. [...] Les journalistes avaient le monopole de la diffusion des infos et le monopole de la distribution de l'opinion. » Ces privilèges n'ont pas tenu face au développement de ces blogs, des sites d'information et des réseaux sociaux. Chaque individu peut désormais créer son propre média. Il n'y a plus de barrière économique à l'entrée. Ça ne coûte rien. C'est à la portée de chacun. Il n'y a plus d'intermédiation par des professionnels entre le média et le lecteur-internaute. Une nouvelle équation du débat public s'installe.

Le « non » à la Constitution européenne

Un professeur d'informatique de BTS au lycée Marcel-Pagnol de Marseille va en faire la démonstration. Nous sommes en 2004, alors que la campagne du référendum pour ou contre la Constitution européenne commence. Étienne Chouard, plutôt pro-européen, écoute Laurent Fabius sur France Inter argumenter pour le « non » et se laisse convaincre. Il finit par écrire le 25 mars 2005 sur son blog un texte au vitriol intitulé : « Une mauvaise Constitution qui révèle un secret cancer de notre démocratie. » Il détaille les « dix raisons graves de s'opposer à un texte dangereux ». Ses arguments font mouche : 25 000 connexions internet par jour sur son site. Un triomphe. Il devient l'un des héros du « non » au référendum, rejeté à 54,68 % par les Français en mai 2005. Sans le numérique, il n'aurait jamais pu trouver un tel écho dans l'opinion. Sans le numérique, la campagne du « non » ne se serait pas structurée à ce point. Plus tard, le même Étienne Chouard, proche de certains réseaux d'extrême droite, se retrouvera en pointe dans le combat des Gilets jaunes. Il sera un ardent avocat du RIC (référendum d'initiative citoyenne). En mars 2019, Sud Radio lui confie une émission hebdomadaire, même s'il a perdu une grande partie de sa crédibilité en apportant son soutien à l'idéologue Alain Soral, condamné plusieurs fois pour antisémitisme. Sur les attentats du 11 Septembre, il a aussi relayé des thèses complotistes qui accusaient les services secrets occidentaux et disculpaient Ben Laden… Curieusement, ces antécédents n'ont pas empêché François Ruffin, député de la France insoumise, de lui apporter un soutien remarqué pendant cette crise des Gilets jaunes…

Alain Duhamel, le pape du journalisme politique, va quant à lui faire une autre expérience plus douloureuse de l'émergence des blogs… Le 27 novembre 2006, il est invité par les jeunes de l'UDF à faire une conférence à Science-Po. Dans ses échanges avec les étudiants, il est interrogé sur la candidature à la présidentielle de François Bayrou. Duhamel répond avec franchise : « C'est quelqu'un que j'aime bien et je voterai pour lui. » Quelques semaines passent et le blog Jeunes UDF Paris publie la vidéo. L'éditorialiste, du haut de ses quarante-cinq années de journalisme politique, est piégé. La rédaction du figaro.fr repère la séquence sur dailymotion en février 2007. Que faire ? La source, issue de la blogosphère, est-elle crédible ? Nicolas Beytout, le directeur des rédactions de l'époque, donne son feu vert. L'information est reprise et provoque un tollé. Les deux employeurs principaux d'Alain Duhamel, France Télévisions et RTL, le suspendent le temps de la campagne électorale, au nom du respect des « principes d'indépendance et de neutralité ». Une « tartufferie », continue à penser l'intéressé : « Je n'en considère pas moins encore étrange aujourd'hui l'idée selon laquelle les éditorialistes, dont c'est pourtant le travail, seraient les seuls en France à ne pouvoir exprimer d'opinion électorale[5]. » Ce sera la première campagne présidentielle sans Alain Duhamel depuis 1965…

Les leçons de l'affaire DSK

Quatre années passent et les blogs, dont les posts sont souvent très longs, tendent à décliner. Ils vont être remplacés par Twitter et ses 140 signes. Un événement politique va introniser ce nouveau « social media » comme une nouvelle source d'information, à égalité avec les autres sources habituelles : c'est l'affaire Strauss-Kahn. Là encore, c'est une vraie rupture. Après son arrestation, sept journalistes français vont assister à la comparution de l'ancien ministre devant la cour criminelle de Manhattan, le 16 mai 2011. L'audience est filmée, mais les chaînes d'information n'ont pas reçu l'autorisation de diffuser les images en direct. C'est grâce à Twitter que le monde entier va pouvoir suivre en temps réel le déroulement de cette comparution sidérante. François Dufour, le créateur de Playbac et des journaux pour enfants, se trouve à New York par hasard lorsque éclate l'affaire. Il décide de couvrir intégralement ces épisodes qui le passionnent.

5. Alain Duhamel, *Journal d'un observateur*, éditions de l'Observatoire, 2018.

Il y consacrera un livre détaillé[6]. Il arrive dès 9 heures du matin à l'ouverture de la salle d'audience et parviendra à occuper l'une des soixante-neuf places assises pour assister aux deux heures et demie de comparution. Il enverra 70 tweets. Mieux que Jean-Philippe Balasse d'Europe 1 (45) ou Yannick Olland de RMC (19), également présents. Le « live-tweet » est né. Twitter, créé en 2006, a connu là sa première heure de gloire. C'était le seul média compatible avec les règles draconiennes de la cour de New York. À 12 h 35, tout est fini. La télévision reprend ses droits avec la conférence de presse improvisée de Ben Brafman, l'avocat de DSK.

Depuis, Twitter et Facebook sont devenus une source parmi d'autres pour les grands médias. C'est par leur truchement que remontent des sujets du terrain qui peuvent avoir un retentissement planétaire. Les exemples sont légion. À l'été 2018 par exemple, une internaute, Paige Zezulka, publie sur son compte Facebook le témoignage d'une petite fille de Géorgie qui apprend, le jour de son anniversaire, qu'elle va être adoptée avec sa sœur et son frère. Sa famille d'accueil lui a préparé un paquet enveloppant un cadre où elle découvre ceux qui vont l'adopter. On voit sur cette vidéo pleine d'émotion la petite fille ouvrir ce paquet et apprendre la bonne nouvelle. Elle sera partagée par 6 millions de personnes dans la semaine qui a suivi sa publication. L'histoire sera reprise par tous les médias du monde. Elle a été repérée en premier par le *HuffPost*.

6. François Dufour, *DSK, 16 mai 2011. Dans les coulisses du tribunal de New York*, éditions KatouMalou, 2012.

Sarkozy, Trump et Elon Musk

Toute l'innovation apportée par les réseaux sociaux est là. N'importe qui peut prendre la parole, partager une idée ou une vidéo et constater son retentissement quelques jours plus tard. De verticaux, les médias deviennent horizontaux. C'est ainsi qu'en octobre 2018 une parfaite inconnue, Jacline Mouraud, enregistre une vidéo réquisitoire sur YouTube pour interpeller le président de la République : « Qu'est-ce que vous faites du pognon des Français ? Vous réfléchissez aux conneries que vous faites ? » lance-t-elle à Emmanuel Macron. Ainsi est né le mouvement des Gilets jaunes. Une simple vidéo enregistrée par une mère de famille bretonne, excédée par les taxes sur les carburants, le contrôle technique, les radars, etc., a suffi à allumer la mèche de la contestation. Guislain Coutard, un Narbonnais de 36 ans, a pris le relais, toujours sur Facebook, en lançant cette idée de revêtir des gilets jaunes en signe de ralliement de la contestation. Chacun en possède un dans sa voiture ou son camion. Les réseaux sociaux ont été pour la première fois en France les vecteurs d'une grave crise politique.

Ce qui est vrai pour l'homme de la rue l'est aussi pour ceux qui détiennent le pouvoir. Eux aussi ont un accès direct au débat public grâce aux réseaux sociaux, sans l'intermédiaire des journalistes et de leurs questions dérangeantes. C'est ainsi qu'en 2014 Nicolas Sarkozy a annoncé sur sa page Facebook son retour et sa candidature à la présidence de son parti, pour préparer la présidentielle de 2017. Son objectif est bien de faire de l'UMP « la formation politique du XXIe siècle ». Quoi de mieux que les réseaux sociaux, qui donnent à l'annonce des accents de modernité. Candidat puis président, Donald Trump fait pour sa part un usage intensif de Twitter en partageant opinion, humeur, colère, règlement de comptes avec ses followers du monde entier. C'est ainsi qu'en septembre 2017, il traitera le président nord-coréen, Kim Jong-un, de « taré ». Dans le business, on a vu aussi le turbulent Elon Musk, patron de Tesla, provoquer une belle pagaille à Wall Street, en tweetant qu'il souhaitait se retirer de la cote. La facétie de trop ? Du coup, la SEC (Security and Exchange Commission), le gendarme américain de la Bourse, diligente une enquête. Les actionnaires en sont venus à exiger une charte de bonnes pratiques des réseaux sociaux qui s'imposerait à Elon Musk. En attendant, cette imprudence l'a contraint d'abandonner la présidence du conseil d'administration de Tesla à l'automne 2018. En France également, l'usage des réseaux sociaux par les politiques s'est banalisé avec Twitter, mais aussi avec la nouvelle pratique des Facebook Live. Lorsque Emmanuel Macron va visiter l'usine Whirpool d'Amiens entre les deux tours de la présidentielle, son dialogue musclé avec les salariés est capté par son équipe de campagne qui se trouve au plus près. Les images seront retransmises par un Facebook Live. Les chaînes d'info n'auront pas d'autre solution que de reprendre ce flux en le sourçant.

Les réseaux sociaux et le mobile

Les réseaux sociaux se sont ainsi imposés à une vitesse fulgurante. Quinze années après son apparition sur le campus de Harvard en 2004, Facebook se classe parmi les trois sites les plus visités après Google et YouTube. Avec plus de 2 milliards d'utilisateurs par jour en 2018 (sur 3,8 milliards d'internautes), Facebook occupe une place centrale devant Instagram, Snapchat ou LinkedIn. Twitter est six fois moins gros. Environ 40 % des internautes dans le monde utilisent ces réseaux sociaux. Un chiffre qui ne cesse de progresser avec l'usage du mobile, puisque 90 % de leur audience s'effectuent à partir d'un smartphone ou d'une tablette.

Aux États-Unis, plus de 60 % des adultes reconnaissent s'informer principalement par les réseaux sociaux. En France, le phénomène est surtout très sensible chez les plus jeunes, qui préfèrent Facebook aux applis – et évidemment aux journaux papier. Le digital en général et Facebook en particulier souffrent néanmoins d'un grand déficit de crédibilité, en matière d'information. Dans l'enquête Kantar Sofres de *La Croix*[7] réalisée début 2019, on découvre aussi que seul un quart des Français ont confiance dans les informations qu'ils lisent sur le Net. La question posée dans cette étude est sans ambiguïté : « En général, à propos des nouvelles que diffusent ces médias, vous vous dites que les choses se sont passées comme

7. Enquête du 24 janvier 2019.

ils le racontent ? » C'est oui à 50 % pour la radio, à 44 % pour la presse écrite, 38 % pour la télévision et donc 25 % pour Internet. La crise des Gilets jaunes est passée par là. Jamais depuis la création de cette enquête en 1987, la défiance vis-à-vis des médias n'a été aussi grande.

Chapitre XIII

LES « FLÉAUX SOCIAUX » OU LA DÉRIVE NUMÉRIQUE DE L'INFORMATION ?

Les réseaux sociaux lèvent plusieurs tabous à la fois. D'abord, la divulgation d'informations non vérifiées. Ce qui est sacrilège dans la presse installée devient une pratique courante. Ensuite, le non-respect de la vie privée. C'est la prime au scandale, assurance d'une bonne viralité et d'une audience colossale. Et puis la calomnie ou l'injure, grâce à l'anonymat qu'assure le système. On imagine que jamais François Mitterrand n'aurait pu maintenir le secret sur sa fille Mazarine ou sur son cancer si les réseaux sociaux avaient existé. Le général de Gaulle ou Jacques Chirac auraient eu aussi bien du mal à garder pour eux les soucis que pouvait leur donner leurs filles respectives. Lorsque Johnny Halliday est mort, l'une des craintes de sa famille était de retrouver sur Facebook une photo volée de lui sur son lit de mort. Le précédent de Michael Jackson avait de quoi inquiéter, avec une photo partagée des milliers de fois…

Scandale planétaire

L'explosion des réseaux sociaux a radicalement changé les règles du jeu médiatique. Certes, ils ont permis, comme on l'a vu, une réelle démocratisation du débat qui était jadis confisqué par les « professionnels ». Ce sont là des acquis incontestables. Il y en a d'autres. Facebook et Twitter ont aussi le mérite de susciter de véritables catharsis sur des sujets enfouis. Ils facilitent une « libération de la parole » bienvenue. Plus l'information est spectaculaire plus l'impact est puissant et plus l'effet démultiplicateur est important. Le succès du mouvement MeToo en est une illustration frappante. C'est *The New York Times* qui révèle le 5 octobre 2017 que le producteur Harvey Weinstein aurait agressé sexuellement au moins trente-trois femmes. On notera ici que c'est bien un journal traditionnel qui dénonce ce scandale, après une enquête longue et minutieuse à partir de témoignages dûment vérifiés suivant les règles de l'art. Le digital ne va pas tarder à prendre le relais et à largement faciliter la « libération de la parole ». Le mouvement est vite relancé sous forme de hashtag. Il va connaître une ampleur sans précédent. Le scandale sexuel devient une affaire planétaire. En France, grâce à sa déclinaison #BalanceTonPorc, des milliers de femmes de tous les milieux ont ainsi pu dénoncer leur agresseur. Des personnalités seront mises en cause pour des affaires restées secrètes ou déjà connues, comme Tariq Ramadan, Roman Polanski ou Denis Baupin.

Macron et Juppé

Plus contestables sont les opérations de calomnies orchestrées sur les réseaux sociaux et qui visent à discréditer une personnalité. Les campagnes électorales récentes ont été propices aux propagations de fausses nouvelles, à commencer par la présidentielle française de 2017. Conscient de ce danger, Emmanuel Macron a pris le risque d'affronter la rumeur sur son homosexualité supposée et sur une prétendue liaison avec Mathieu Gallet, le président de Radio France de l'époque. Le futur président a saisi l'occasion d'une réunion publique à Bobino le 6 février pour mettre les pieds dans le plat : « Vous entendrez des choses, que je suis duplice, que j'ai une vie cachée. C'est désagréable pour Brigitte qui se demande comment je fais physiquement. Elle partage ma vie du matin au soir. Je ne peux me dédoubler. Si, dans les dîners en ville, on vous dit que j'ai une double vie avec Mathieu Gallet, c'est mon hologramme qui m'a échappé, ça ne peut pas être moi. » La salle s'esclaffe. La rumeur s'est dissipée. La stratégie non sans risque d'Emmanuel Macron s'est révélée payante.

Alain Juppé a eu la réaction inverse. Il a préféré ignorer ce qu'il a appelé un jour les « démolisseurs de réputation ». Après sa défaite à la primaire de la droite, ses proches l'ont regretté. Ils reconnaissent avoir sous-estimé la virulence de la campagne orchestrée sur les réseaux sociaux. Menée par la « fachosphère », cette opération visait clairement à discréditer sa candidature. Sans le moindre début de preuve, il est accusé de complaisance avec les mouvements islamistes radicaux, ce qui lui a valu des sobriquets comme le « grand Mufti de Bordeaux » ou « Ali Juppé ». Le 14 février 2019, lorsqu'il annonce quitter la vie politique pour le Conseil constitutionnel, le maire de Bordeaux fait une allusion directe à ces campagnes sur la Toile : « L'envie me quitte, tant le contexte change. Dans ce climat général, infecté par les mensonges et les haines que véhiculent les réseaux sociaux, l'esprit public est difficile à vivre et lourd à porter. » Jean-Luc Mélenchon n'a pas été épargné lui non plus. On lui a reproché de porter une Rolex à 18 000 euros… Bakamo.Social, un consultant spécialisé dans les réseaux sociaux, a réalisé pendant la dernière présidentielle une enquête sur 8 millions de liens glanés sur 800 sites[1]. Il établit que le quart des liens partagés sur l'élection relevait de ces campagnes de désinformation !

L'âme noire des médias

Ces *fake news* (ou infox) se multiplient aussi hors période électorale. La crise des migrants et les questions sur l'islam sont des moteurs puissants de propagation de fausses nouvelles. Ce que le Premier ministre Édouard Philippe appelle assez justement les « polémiques nulles ». Il fait référence à une déclaration de Jean-Michel Blanquer, le ministre de l'Éducation nationale, qui, le 10 septembre 2018,

1. Bakamo.Social, enquête sur le rôle et l'impact des éditeurs non traditionnels à la présidentielle française 2017.

explique en réponse à une question que « l'arabe est une langue très importante, comme d'autres grandes langues de civilisation. Je pense au chinois et au russe, oui, bien sûr, il faut développer ces langues ». Et d'annoncer : « C'est toute cette stratégie qualitative vis-à-vis de la langue arabe que nous allons mener. » Quelques heures plus tard, le débat fait rage sur les réseaux sociaux où l'on affirme que Blanquer veut rendre l'arabe obligatoire pour tous à l'école. Une affirmation reprise par certains politiques comme Nicolas Dupont-Aignan. L'habitude s'installe dans le système médiatique. Les réseaux sociaux sont devenus les vecteurs privilégiés de polémiques éphémères, subalternes et parfois fondées sur le mensonge et les peurs. À l'occasion de la signature du traité d'Aix-la-Chapelle par Emmanuel Macron et Angela Merkel en janvier 2019, un eurodéputé, passé du Rassemblement national à Debout la France, a ainsi posté une curieuse vidéo sur Facebook. Bernard Monot n'y va pas par quatre chemins : « L'Alsace repassera sous gestion allemande et la langue administrative sera l'allemand. Macron, tel un Judas, va livrer l'Alsace et la Lorraine à une puissance étrangère. » Des outrances, largement partagées sur les réseaux sociaux, qui ne seront désavouées ni par Nicolas Dupont-Aignan qui évoque « de grandes décisions secrètes » en préparation, ni par François Asselineau qui parle de « haute trahison », ni par Marine Le Pen qui assure que la mise sous tutelle de l'Alsace est bien inscrite dans le traité. Une dérive bien inquiétante quand on songe que ces trois-là ont été candidats à la présidentielle...

La puissance de ces campagnes est telle qu'elle transforme profondément les règles de cristallisation de l'opinion. Les réseaux sociaux « sont la partie d'âme noire qu'il y a chez tout le monde, pointe avec justesse Alain Duhamel. L'anonymat conduit à un déferlement de haine et de démagogie[2]. » Les informations les plus fantaisistes et les moins vérifiées circulent donc sur la Toile, sans contrôle ni garde-fou. Les calomnies se répandent aveuglément, sans vérification ni recul. Facebook assure une amplification surpuissante à ces fausses informations, à ces simplifications ou à ces campagnes de dénigrement.

La presse se déchaîne

Alain Duhamel, qui a été la cible de campagnes parfois violentes, reconnaît que si les réseaux sociaux avaient existé plus tôt, il aurait sans doute dû abandonner sa carrière de journaliste. Le 10 mai 1981, lors de la fête de la Bastille qui a suivi la victoire de François Mitterrand, son nom avait été conspué avec celui de Jean-Pierre Elkabbach et d'Étienne Mougeotte. Leurs contempteurs de l'époque leur reprochaient une trop grande proximité (réelle ou supposée) avec le pouvoir giscardien. Ils ne se seraient peut-être pas relevés d'une telle campagne si elle avait utilisé les moyens d'aujourd'hui (smartphone, réseaux sociaux, chaînes d'info).

Les médias classiques (quotidiens, chaînes d'info) ont bien du mal à se situer dans ce genre de paysage.

2. Interview accordée aux *Échos* week-end, 31 août 2018.

S'ils se font l'écho des rumeurs qui traînent sur les réseaux sociaux, ils les accréditent du même coup, même si ces rumeurs sont présentées avec distance et prudence. Et si les journaux préfèrent ne rien dire du tout, la virulence des commentaires redouble. Ils dénoncent alors pêle-mêle la loi du silence, la collusion entre la presse et les pouvoirs (politiques et économiques). Ils alimentent du même coup la théorie du complot. Et malheur à celui ou à celle qui osera critiquer ouvertement ceux qui se cachent derrière certains espaces de discussion.

Injure et intimidation

C'est la mésaventure qui est arrivée à la journaliste Nadia Daam, qui s'en est prise aux participants de « Blabla 18-25 », un forum très puissant appartenant au site jeuxvideos.com et qui regroupe des milliers de jeunes souvent très vindicatifs et classés à l'extrême droite. En novembre 2017, dans une chronique diffusée sur Europe 1, Nadia Daam fustige ce forum qu'elle qualifie de « poubelle à déchets non recyclables », alimenté par « des gens dont la maturité cérébrale n'a visiblement pas excédé le stade embryonnaire ». Les réactions seront d'une violence inouïe : injures, menaces de meurtre et de viol, piratage de ses boîtes mail et comptes Facebook et Twitter. Son adresse personnelle est aussi publiée. Europe 1 va porter plainte. Marlène Schiappa, la secrétaire d'État à l'égalité entre les femmes et les hommes, proteste auprès de l'éditeur du site. Deux personnes sont poursuivies et jugées. Elles écopent de 6 mois de prison avec sursis et de 2000 euros d'amende. Les injures reprendront de plus belle, sitôt le verdict rendu. Tout aussi violentes, les insultes numériques infligées par une trentaine de journalistes regroupés dans la « Ligue du LOL ». Sous couvert d'humour graveleux, un groupe Facebook, créé dans les années 2010, orchestrait des « raids numériques » en incitant d'autres internautes à venir couvrir d'injures les victimes qu'il s'était choisies : des youtubeuses, des blogueuses, des militantes féministes et des journalistes homosexuels. « On se disait à l'époque que c'était un grand jeu. Aujourd'hui, on considérerait ça comme du harcèlement », reconnaîtra Vincent Glad, le fondateur de ce groupe[3]. Il se trouve qu'il est pigiste à… *Libération*, qui a révélé l'affaire en février 2019. D'autres appartenaient aux *Inrocks* ou à Slate.fr ! Une affaire similaire de cyberharcèlement a aussi été mise au jour au *Huffington Post* avec les mêmes dérives sexistes, homophobes, voire racistes. Une intolérance (une bêtise ?) qu'on ne s'attendait pas forcément à trouver là.

Moins graves mais tout aussi dévastateurs sont les « *bad buzz* » sur la Toile. Ce sont en fait des mouvements d'indignation numérique qui se répandent par viralité à la vitesse de la lumière. Une société d'étude, Visibrain, a entrepris de créer un observatoire et réalise chaque année un classement des « *bad buzz* » les plus puissants.

En 2018, on aurait ainsi enregistré le plus gros « *bad buzz* de l'histoire » avec la publication de la

3. *Libération*, 12 février 2019.

photo d'un petit enfant noir avec un pull-over portant l'inscription « coolest monkey in the jungle » (le singe le plus cool de la jungle), provoquant une indignation mondiale qui se mesure : 2 millions de tweets. En 2017, c'est l'évacuation *manu militari* d'un passager d'un avion de la United Airlines. Victime du surbooking, la compagnie avait besoin de quelques places pour faire voyager des membres d'équipage allant prendre leur service. Un médecin désigné pour céder son siège refuse de laisser sa place. Il est traîné par trois agents de sécurité sur toute la longueur du couloir de l'appareil : 1,9 million de tweets !

La page 2 du « Canard »

En matière d'information, le développement de la vidéo combiné à la puissance des réseaux sociaux change la donne. Elle agit comme un accélérateur d'émotion et de buzz en tout genre, particulièrement sur les sujets politique et sociétal. Jadis, les anecdotes, les confidentiels, les faux pas des personnes en vue, les dérapages, les maladresses et les petites phrases des politiques étaient cantonnés dans des rubriques *ad hoc* : « La mare aux canards » à la page 2 du *Canard enchaîné* ou dans les espaces confidentiels des hebdomadaires : « Téléphone rouge » dans *L'Obs*, « Les exclusifs » dans *L'Express*, « *Figaro*-ci, *Figaro*-là » ou « *Le Point* de la semaine ». Parfois repris par les concurrents, ces échos avaient le plus souvent un impact limité. Ces informations étaient à la fois non signées et non sourcées. C'est le principe de ces indiscrétions. On considère que l'informateur, qui est peut-être un journaliste, un fonctionnaire ou un politique, est suffisamment fiable et digne de foi pour mériter une publication telle quelle, sans recoupements. Ces indiscrétions sont pour la plupart invérifiables, car il n'y a pas de preuve incontestable (une vidéo, un texte) de ce qui a été dit ou fait. Ces « confidentiels » ont toujours fait le sel des hebdomadaires et des quotidiens. Mais, démentie par les personnes concernées, l'affaire en restait là au temps jadis. Désormais, avec la vidéo, la preuve existe. La polémique est inévitable.

Avec le développement des smartphones et des chaînes d'info, les caméras sont partout. Et ces vidéos ont remplacé une bonne partie de ces petites nouvelles. L'impact de l'image peut être colossal et impossible à démentir, sauf à expliquer que les propos ont été sortis de leur contexte. Ce qui est souvent un peu court pour éteindre un incendie médiatique. La vidéo a l'avantage (ou l'inconvénient) de se partager sur les réseaux sociaux, puis est reprise par les grands médias. La nouveauté est que la force de l'image prime souvent (toujours ?) sur l'importance de l'information elle-même. Et qu'on assiste fréquemment à un emballement de la machine médiatique à partir d'images qui ne le méritent pas toujours.

Dérapages interdits

C'est la mésaventure qui est arrivée à Brice Hortefeux, ministre de Nicolas Sarkozy qui tient des propos ambigus alors qu'il pose pour les photographes, avec un jeune Algérien, en marge de l'université d'été de l'UMP. « Il en faut toujours un, dit-il. Quand il y en a un, ça va. C'est quand il y en a beaucoup qu'il y a des problèmes. » Diffusée en septembre 2009, cette vidéo volée fait scandale. Sans les images, le démenti aurait stoppé net l'affaire. Le ministre tentera maladroitement de se justifier en expliquant qu'il parlait des Auvergnats. Poursuivi par le MRAP (Mouvement contre le racisme et pour l'amitié entre les peuples), il sera relaxé de l'accusation de racisme, même si les juges estimeront ses propos « méprisants » et « outrageants ». La vidéo restera l'une des plus vues du site lemonde.fr. On voit bien, avec cet exemple, comment la vidéo couplée aux réseaux sociaux change les règles du jeu de la communication. Le moindre écart se paie cash. Jean-Luc Mélenchon n'a pas fini de regretter son attitude méprisante le 17 octobre 2018 lorsqu'il rabroue une journaliste de France 3 parce qu'elle a un accent toulousain. « Quelqu'un a-t-il une question formulée en français ? » demande-t-il alors aux autres journalistes présents.

À l'inverse, une vidéo impromptue peut aussi être utilisée plus positivement par un politique qui y voit son intérêt. C'est ainsi qu'un jour de février 2002, François Bayrou visite une cité à Strasbourg. Lors de ce déplacement, une vidéo enregistre le petit Yacine, 11 ans, faisant les poches du leader centriste. Il réplique immédiatement par une « taloche » au jeune garçon. En pleine campagne présidentielle, le candidat UDF affirme alors : « Je connais les Français, ils me sauront gré de ce geste. » La vidéo a tellement marqué alors que l'Internet n'en était qu'à ses balbutiements que, dix ans plus tard, les médias redonneront des nouvelles de Yacine, que personne n'a oublié. Devenu grand, il est condamné à quatre mois de prison ferme, après une bagarre avec des policiers. La force de l'image donne toute sa puissance à l'épisode, finalement plus qu'anecdotique.

La charge de Léonarda

François Hollande a quant à lui dû affronter une tempête politique d'une tout autre ampleur, à la suite de la diffusion d'une interview d'une adolescente de 14 ans prénommée Léonarda. L'affaire reste dans toutes les mémoires. En octobre 2013, alors qu'elle participait à une excursion scolaire, la jeune fille avait été interpellée pour être expulsée vers le Kosovo. Elle vivait en France en situation irrégulière avec sa famille. Devant le tollé que provoque cette arrestation, notamment chez les lycéens, le président François Hollande propose une solution médiane. Il fait un geste, mais reste sur une ligne de fermeté pour éviter un procès en laxisme en matière d'immigration. Il annonce donc à la télévision que Léonarda peut revenir en France, mais sans sa famille. En direct sur BFMTV, avec une bonne dose d'arrogance, l'adolescente ridiculise le chef de l'État depuis Mitrovica, en lui répondant directement : « Le président n'a pas de cœur. Je veux être avec ma famille, je suis bien avec eux. [...] Je ne suis pas une chienne, je vais revenir, sinon la France, ça sera la cata et je ferai la loi ! »

Un face-à-face par télé interposée, dévastateur pour l'autorité du chef de l'État, mais aussi pour l'adolescente qui s'est mise dans son tort en utilisant un ton aussi véhément. De quoi alimenter les réseaux sociaux qui se déchaînent. Chacun choisit son camp. Les uns pour s'offusquer d'autant d'ingratitude envers la France, les autres pour moquer François Hollande, d'autres encore pour s'indigner de l'inhumanité de la gauche devant un nouveau drame de l'immigration. Le débat dérape dans tous les sens. Un cas d'école. Outre l'amplification, les réseaux polarisent, clivent et radicalisent l'opinion publique. La pondération et la mesure n'ont plus leur place ici.

Images volées

Sur les réseaux sociaux, l'impact d'une vidéo est d'autant plus fort que l'image semble réalisée par un non-professionnel. Sans passer par le truchement d'un journaliste, elle n'en paraît que plus spontanée. Les Facebook Live sont conçus dans cet esprit. Même s'ils sont le fait de médias. Surtout ne pas proposer une réalisation trop « léchée ». Le côté « *home made* » garantit une apparente authenticité. C'est la vérité sans fard ni artifice qui apparaît ainsi. Tout le monde sort désormais son portable. Les associations qui luttent contre la maltraitance animale utilisent régulièrement ce procédé pour sensibiliser l'opinion. Avec une efficacité certaine. Des vidéos prises dans les abattoirs, dans des élevages de cochons ou de poulets en batterie. Autre exemple, Mamoudou Gassama qui, le

26 mai 2018, a escaladé la façade de l'immeuble du 51, rue Max-Dormoy à Paris, pour sauver d'une chute imminente un petit garçon de 4 ans, suspendu à un balcon du quatrième étage. Grâce à une vidéo prise à partir d'un smartphone, la scène est immortalisée par un anonyme et fait le tour du monde. Mamoudou, Malien sans papiers, est devenu une star des réseaux sociaux, au point qu'il va être reçu à l'Élysée par Emmanuel Macron. Il lui sera proposé d'être naturalisé et intégré aux pompiers de Paris. L'immeuble est désormais répertorié comme « site historique » par Google Maps !

Outre les citoyens et les associations, il arrive que des politiques eux-mêmes allument leur téléphone pour inonder ensuite les réseaux sociaux. C'est le cas de Jean-Luc Mélenchon, président de la France insoumise, qui a filmé la perquisition à son domicile le 16 octobre 2018. D'autres images ont circulé sur la perquisition dans les locaux de la France insoumise, où l'on voit Jean-Luc Mélenchon menacer un policier et un procureur et se défendre avec grandiloquence : « La République, c'est moi », « Poussez-vous de là ! », « Ma personne est sacrée ». Un jeu dangereux tant l'image a un effet grossissant. Il a sans doute joué là au pompier pyromane. Il a donné l'image d'un responsable politique qui se croit au-dessus des lois, qui perd son calme et ne respecte ni le droit ni les institutions. La vidéo est une arme dangereuse. Gageons qu'elle pourrait réapparaître opportunément pour le discréditer, s'il devait être candidat à une municipale, une législative ou une présidentielle.

Wauquiez et son « bullshit médiatique »

D'ailleurs, de plus en plus souvent, les hommes politiques se font piéger aussi par de simples citoyens qui filment à leur insu. Le 16 février 2018, Laurent Wauquiez a ainsi retrouvé dans le « Quotidien » de Yann Barthès sur TMC les propos très libres qu'il tenait quelques jours plus tôt devant des étudiants de l'EM Lyon. L'un d'eux a tourné discrètement les images du président des Républicains, que l'on voit, sûr de son effet, raconter que l'affaire de viol dans laquelle Gérald Darmanin est à l'époque poursuivi (elle a été classée sans suite depuis), « c'est du Cahuzac puissance 10 ». Il accuse pêle-mêle Alain Juppé d'avoir « cramé la caisse à Bordeaux », Nicolas Sarkozy de pratiquer des écoutes téléphoniques sur ses ministres lorsqu'il était président, Macron d'être à l'origine des fuites de l'affaire Fillon. Laurent Wauquiez avait pourtant demandé la discrétion à son auditoire. Si je ne peux avoir confiance en vous, je vous sortirai « juste le *bullshit* que je peux sortir sur un plateau médiatique ». Dévastateur !

Autre effet pervers de Facebook et Twitter... Les images fortes ont désormais une durée de vie illimitée. Elles se partagent encore et encore, alors que, jadis, un écho désobligeant finissait par passer au second plan, puis aux oubliettes. Souvent, il suffisait à un politique de faire un 20 heures sur TF1 ou France 2 pour faire baisser la pression. Avec les réseaux sociaux, tout devient très irrationnel et peu maîtrisable. Nicolas Sarkozy en a fait la douloureuse expérience avec son fameux « Casse-toi, pauv' con » qui lui a collé à la peau comme le sparadrap du capitaine Haddock. Cette malheureuse phrase a été prononcée lors de l'inauguration du Salon de l'agriculture le 23 février 2008. Ce jour-là, un homme refuse de lui serrer la main et lui lance : « Ah, non, touche-moi pas, tu me salis. » La réplique présidentielle, digne d'une cour de récré, fuse. La vidéo est captée par des pigistes qui la proposent au *Parisien* qui l'achète pour quelques centaines d'euros. L'effet est immédiat. Huit ans plus tard, le président reconnaîtra qu'avec sa malheureuse repartie il a abaissé la fonction présidentielle.

Le phénomène Twitter

Les réseaux sociaux ont pris une telle place qu'ils disputent aux médias traditionnels la maîtrise de l'agenda politique. L'un des meilleurs analystes de l'opinion publique et président d'Elabe, Bernard Sananès, le reconnaît. « Il y a quinze ans, quand je voulais prendre la température, j'écoutais Europe 1 et je lisais *Le Parisien*. Aujourd'hui, je vais sur Twitter. » C'est un outil efficace pour lancer sujets et polémiques. Donald Trump en a fait le principal vecteur de sa communication présidentielle. Il prend ainsi à témoin l'opinion publique mondiale, sans le filtre des journalistes dont il se méfie comme de la peste. En 140 signes, il multiplie ses humeurs ou ses réactions à l'actualité, à toute heure du jour ou de la nuit… C'est une caisse de résonance particulièrement efficace. Emmanuel Macron, lui aussi, a usé et abusé de Twitter ou de Facebook. Il s'en est servi pour mettre en scène un « parler vrai », très personnel. Une stratégie qui s'est retournée contre lui, lorsque la crise des Gilets jaunes a commencé. Le président ne s'est pas rendu compte que ses saillies n'ont fait qu'élargir le fossé qui se creusait entre lui et « la France périphérique », c'est-à-dire les perdants de la mondialisation[4]. Elles ont créé une colère qui s'est exprimée dès le début du conflit. Elles ont nourri une certaine détestation pour sa personne (et parfois même celle de sa femme Brigitte). À tort ou à raison, le couple renvoie l'image d'une vie facile et privilégiée. Tous deux incarnent les élites et les « premiers de cordée ». Une expression qu'Emmanuel Macron a lui-même utilisée lors d'une interview télévisée le 15 octobre 2017, quelques mois après son élection : « Si l'on commence à jeter des cailloux sur les premiers de cordée, c'est toute la cordée qui dégringole. » Il souhaitait ainsi clouer le bec à ceux qui l'appellent déjà le « président des riches ». La référence au livre de Roger Frison-Roche n'aura pas eu l'impact espéré. Bien au contraire.

Après l'avoir lancée pendant sa campagne présidentielle victorieuse, le nouveau président va recourir systématiquement à cette technique de la petite phrase « provoc ». Elle va même devenir sa marque de fabrique pendant la première année de son mandat. Ainsi, le 13 juin 2018, on le voit dans une réunion à l'Élysée se plaindre que les minima sociaux coûtent « un pognon de dingue ». Une vidéo diffusée avec l'assentiment du

4. Christophe Guilluy, *La France périphérique. Comment on a sacrifié les classes populaires*, Champs, 2015.

Palais, censée lancer le débat sur l'efficacité des aides sociales avant une réforme. Ces petites phrases du président Macron font les délices des réseaux sociaux, en suscitant de violentes polémiques, qui saturent l'espace médiatique. Florilège : Macron qui compare les Français à « des Gaulois réfractaires » (Copenhague, 30 août 2018). Macron qui déplore que « les Français détestent les réformes » et qu'il est à la tête « d'un pays qui n'est pas réformable » (Roumanie, 24 août 2017). Macron qui conseille à un jeune horticulteur venu visiter l'Élysée à l'occasion des journées du patrimoine : « Je traverse la rue, je vous trouve un emploi » (16 septembre 2018). Macron qui parle des salariés des abattoirs de Gad comme étant des « illettrés » (17 septembre 2014). Macron qui, devant des startuppeurs, évoque une gare comme « un lieu où on croise des gens qui réussissent et ceux qui ne sont rien » (29 juin 2017). Ou encore : « La meilleure façon de s'acheter un costard, c'est de travailler » (27 mai 2016). Parfois, les images seules suffisent, comme la photo postée sur Instagram du président et de Brigitte Macron posant avec le groupe de danseurs excentriques, qui s'était produit à l'Élysée pour la fête de la musique 2018.

La dictature de l'image

Les vidéos ou les expressions impriment immédiatement dans l'opinion. Les détournements humoristiques galopent sur le Net.

Les vidéos sont si fortes qu'elles occultent tout le reste. La nuance et le contexte s'effacent. Il ne reste plus que les images. Il y a comme une dictature de la vidéo, car, assez vite, l'image et la vérité se confondent. On prend pour argent comptant ce que l'on voit, sans tenir compte de la situation, sans remettre les choses à leur juste place.

Dans ce système, Twitter joue un rôle important, mais il faut sans doute le nuancer. Particulièrement actif sur les péripéties de la vie politique, Twitter n'est pas à l'image de la France. C'est un canal très urbain, plutôt jeune et surreprésenté dans les classes les plus aisées. Son impact se propage sans doute par ricochet. Il influence les leaders d'opinion et notamment les médias, qui sont très à l'écoute et y trouvent matière à développement. Twitter est un média de l'engagement. En 2016, lors de la primaire de la droite, il avait, mieux que les médias et les sondeurs installés, détecté le succès de François Fillon au détriment d'Alain Juppé.

« Bulle d'informations »

Avec le développement de Facebook et Twitter depuis dix ans, l'opinion ne se structure plus par blocs de pensée comme jadis. Les internautes ont désormais recours à une information très segmentée, en fonction des centres d'intérêt de chacun. On ne lit et on n'échange de plus en plus qu'avec ceux qui pensent la même chose ou presque. Ça n'est plus du débat. Chacun se conforte dans ses certitudes en partageant les contenus qui vont dans le sens de ce que l'on croit… C'est la surenchère permanente qui conduit à une certaine hystérisation. La confrontation des réalités et des idées s'efface. Hier, la télévision était le média fédérateur par excellence, regardé par tous. Se retrouvaient autour de leur poste des citoyens de toutes opinions pour suivre un débat ou un reportage, écouter une interview. Cette audience plurielle jouait comme un garde-fou et une garantie minimale de respect mutuel : difficile de dire n'importe quoi, d'affirmer sans preuve, d'accuser sans raison. Le digital fait sauter ces digues et atomise les débats. Lawrence Lessig, candidat malheureux à l'investiture démocrate à l'élection américaine de 2016, par ailleurs professeur de droit à Harvard et observateur avisé et critique du Net, tirait la sonnette d'alarme pendant la campagne électorale : « Chacun vit dans sa propre bulle d'informations. Or, dans ce monde-là, l'idée même d'une action politique orientée vers l'intérêt général est presque impossible… Aujourd'hui, il y a tout lieu de s'inquiéter de la manière dont Internet nourrit la polarisation, à cause des algorithmes et de l'architecture du réseau[5]. » La conception de l'engagement politique s'en trouve modifiée. Comme le résume Bernard Sananès, « la protestation a changé de mode d'expression. Aujourd'hui, c'est plutôt : je clique, je like, donc j'en suis[6] ». « De même que l'imprimerie a bouleversé les structures religieuses et permis la Réforme, analyse la journaliste Eugénie Bastié, l'émergence des réseaux sociaux a des conséquences politiques vertigineuses[7]. »

5. Interview accordée à *Libération*, 16 décembre 2016.
6. *L'Opinion*, 19 novembre 2018.
7. *Le Figaro*, 11 décembre 2018.

La République des énervés

Le système est une machine à gommer les positions médianes et balancées. On l'a vécu avec la crise des Gilets jaunes. Les réseaux sociaux attisent une certaine violence dans le débat public. C'est l'ère de la vocifération, de la colère, de l'anathème, du lynchage. La République des énervés s'y retrouve. Une sorte de défouloir où tout est « scandaleux », tout est « choquant », tout est « gênant ». Le rationnel n'y a évidemment pas sa place ! Ni même l'émotionnel. Nous sommes passés directement dans le passionnel ! La théorie du complot s'y exprime sans frein : « On nous cache tout, on ne nous dit rien. » La haine des élites s'y développe sans retenue. La cause est entendue, les politiques sont tous des voleurs ou des profiteurs et les technocrates des incompétents, surtout s'ils sortent de l'ENA. Logiquement, les idées ou les affirmations les plus radicales pullulent. Les réseaux sociaux deviennent le siège de toutes les simplifications, de tous les amalgames, de toutes les exagérations, de toutes les calomnies, de toutes les outrances. Et gare à celui qui veut entamer une discussion raisonnable de bonne foi. Il s'est trompé d'adresse. Car c'est le territoire des extrêmes de droite, de gauche ou d'ailleurs qui prospèrent. Le succès de la « fachosphère » à droite et celui du « dégagisme » à gauche en sont des manifestations évidentes. C'est le lieu privilégié de ceux que Brice Teinturier, directeur général délégué d'Ipsos, appelle le PRAF, « plus rien à faire, plus rien à foutre[8] ». Ces Français désenchantés, dégoûtés de la politique, qui pensent qu'un autre système est possible. Contrairement à Churchill, ils ne croient plus que « la démocratie est le pire des régimes à l'exception de tous les autres ». Au lendemain d'une manifestation violente des Gilets jaunes, Emmanuel Macron accuse : « La jonction des réseaux sociaux et des télés en continu est un poison pour la démocratie[9]. » « Ils sont devenus le couple maudit[10] », renchérit Dominique Wolton, directeur de recherche au CNRS et observateur pourtant attentif des médias.

Il est exact que pendant cette crise, quelque chose s'est déréglé. Face au mouvement venu de la base, sans leader, aux revendications évolutives et largement récupérées par les ultras de tous bords, les médias ont été pris à contre-pied. Traditionnellement, pour rendre compte de ce type d'événements, radios et télévisions se tournent vers les leaders élus ou autoproclamés. Le système fonctionne comme cela. Il faut des visages connus pour incarner les idées, les partis politiques, les syndicats, les associations, les tendances du moment, les entreprises… Michel-Édouard Leclerc en a beaucoup profité alors que ses homologues d'Auchan, de Casino ou d'Intermarché préfèrent rester discrets. Jadis, l'Église de France a beaucoup gagné en visibilité avec le cardinal Lustiger, sœur Emmanuelle ou l'abbé Pierre. Maintenant qu'ils ont disparu, leurs

8. Brice Teinturier, *« Plus rien à faire, plus rien à foutre »*, Éditions Robert Laffont, 2017.
9. *Journal du dimanche*, 9 décembre 2018.
10. *Le Midi libre*, 16 décembre 2018.

successeurs sont moins identifiés, et donc moins souvent invités sur les plateaux de télévision.

En politique, le fonctionnement est le même. Lorsque Emmanuel Macron a lancé son mouvement un an avant la présidentielle, les porte-parole étaient évidents : outre le futur président de l'Assemblée nationale Richard Ferrand, Christophe Castaner ou Gérard Collomb se sont imposés. François Bayrou dans un second temps. De même, le mouvement contre le mariage pour tous était incarné par Frigide Barjot. La puissance de l'audiovisuel (hier le 20 heures de TF1, aujourd'hui les chaînes d'info comme BFMTV ou LCI) est telle que la tribune qui est offerte à ces personnalités leur confère un statut et/ou une aura qui rejaillit sur eux et dont ils se servent. Avec les Gilets jaunes, les médias n'ont cessé de tâtonner, faute de trouver des leaders capables d'incarner le mouvement dans sa globalité et sa complexité et de tenir un discours cohérent et représentatif. Aucune personnalité incontestable n'a émergé. Chaque Gilet jaune interrogé ne représentait que lui-même, mais se voyait du même coup offrir une exposition inespérée. Radios et télévisions se sont retrouvées piégées. Elles ont offert une audience à des représentants intéressants, insignifiants ou excessifs, comme Éric Drouet qui déclare un jour, tout à trac sur BFMTV, qu'il voulait marcher sur l'Élysée. Les procureurs étaient légion pour dénoncer les dérives de cette couverture. Les sociétés des rédacteurs s'en sont elles-mêmes émues. Le débat a fait rage dans les rédactions audiovisuelles. Mais que faire ? Fallait-il ne rien dire de ce mouvement, laisser les choses se décanter ? Les mêmes procureurs auraient reproché encore plus vivement aux chaînes d'info d'être à la botte du gouvernement dans sa volonté d'étouffer les protestations. Le silence, à supposer qu'il ait été possible, aurait alimenté encore un peu plus les thèses complotistes les plus farfelues. Dominique Wolton a reproché aux chaînes d'info de « tendre leur micro à n'importe qui ». Il défend du même coup une position aussi iconoclaste qu'irréaliste : « Je revendique le droit de ne pas savoir, de ne pas tout comprendre dans l'instant et donc de ne pas avoir d'explication immédiate à proposer, avec une hyperprésidence médiatique. » Avec le risque que le téléspectateur, avide d'informations, se rabatte sur des médias sous influence étrangère, comme RT France (RussiaToday France) ou Sputnik France, qui viennent directement concurrencer les chaînes d'info traditionnelles sur Facebook. Tout est retransmis en direct avec complaisance, sans recul ni mise en perspective.

Le meilleur et le pire

On assiste ainsi à un retournement de situation spectaculaire. Car l'émergence des réseaux sociaux a commencé par être l'allié précieux de la démocratie contre la tyrannie. Lorsque les « Printemps arabes » ont commencé après 2010, Facebook a ainsi joué un rôle essentiel. Les réseaux sociaux ont permis de contourner les médias officiels en diffusant informations, mots d'ordre, argumentaires, rendez-vous pour des manifestations ou vidéos… Ils ont permis aussi de communiquer avec l'étranger. L'Internet que Ben Ali avait promu en Tunisie s'est retourné contre lui. Le mouvement s'est propagé dans les pays voisins. Le jour où il quitte le pouvoir, le 14 janvier 2011, deux étudiants marocains de Meknès créent un groupe Facebook pour demander « un dialogue libre avec le roi, pour la démocratie ». En Égypte, la page Facebook « nous sommes tous Khaled Saïd », du nom de l'étudiant battu à mort le 6 juin 2010 à Alexandrie, a joué un rôle de catalyseur de la contestation. Quelques mois plus tard, on a ainsi pu lire sur le macadam de la place Tahrir au Caire : « Nous sommes les hommes de Facebook. » Plus récemment, en avril 2019, l'opposition à une nouvelle candidature d'Abdelaziz Bouteflika, à la tête de l'Algérie depuis 1999 mais victime d'un AVC en 2013, s'est très largement appuyée sur la puissance de Facebook. Les réseaux sociaux peuvent jouer le rôle qu'on attend d'eux : un média qui facilite le débat citoyen, renforce l'audience des mouvements d'opposition, donne la parole à tous et fait progresser la vie démocratique.

Chapitre XIV

LA BALLE DANS LE CAMP DES GAFA

La montée des populismes a-t-elle un lien direct avec l'influence acquise par les réseaux sociaux ? Facebook, Twitter ont-ils joué un rôle d'accélérateur ? Y a-t-il simple coïncidence ou le développement des réseaux sociaux favorise-t-il peu ou prou ce populisme ? Y a-t-il une relation directe de cause à effet ? Force est de constater la concomitante des deux phénomènes. Facebook devient accessible à tous fin 2006 et se développe partout dans le monde. Le cap du milliard d'utilisateurs actifs par mois est franchi en 2012, le milliard et demi en 2015, les 2 milliards en 2017. Dans le même temps, le sentiment anti-européen se développe partout, notamment dans les ex-pays de l'Est (Pologne, Hongrie), mais aussi en Italie, en France et en Allemagne, les Britanniques ont voté pour le Brexit le 23 juin 2016, les Américains ont porté Donald Trump à la Maison-Blanche en 2017 et fin 2018-début 2019 la présidence Macron a été déstabilisée par le mouvement des Gilets jaunes. Des événements qui ont donné lieu à une intrusion massive des *fake news*. Ceux-ci ont pu influencer, voire fausser, certains scrutins.

Des « fake news » partout

Le très sérieux *The Economist* sonne le tocsin en novembre 2017 avec une « *cover* » choc : « *Social media's threat to democracy* » (« Les réseaux sociaux sont une menace pour la démocratie »). En guise d'illustration : le F de Facebook retourné et brandi comme un revolver fumant. « Au lieu de faciliter une meilleure compréhension du monde, les réseaux sociaux répandent du poison », accuse le magazine, preuve à l'appui. Facebook a ainsi reconnu que pendant la campagne victorieuse de Donald Trump, 146 millions de ses abonnés avaient été exposés à des *fake news* en provenance de Russie. Deux rapports remis au Sénat américain fin 2018 accusent d'ailleurs nommément Moscou d'avoir inondé Instagram de photos et de vidéos antidémocrates. En ciblant les Afro-Américains, soutiens naturels d'Hillary Clinton, l'objectif était de les décourager d'aller voter. L'opération aurait été menée par l'IRA (Internet Research Agency) qui passe pour être une « ferme à trolls » (qui pollue volontairement les espaces de discussion sur Internet en alimentant la polémique). Des opérateurs passent ainsi leur journée à publier des contenus litigieux sur les plates-formes les plus puissantes comme Facebook, Twitter, YouTube, mais aussi Pinterest ou Tumblr. Pour Lawrence Lessig, « ces fausses informations ont eu un profond impact » sur le résultat de la présidentielle américaine de 2016[1]. Après leur défaite

1. *Le Monde*, 9 décembre 2016.

sont montées des rangs démocrates des critiques particulièrement sévères contre Facebook. Ils n'ont pas digéré les dégâts que ces *fake news* ont pu faire sur la campagne d'Hillary Clinton. Des mouvements comme Freedom from Facebook de Sarah Miller réclament d'ailleurs son démantèlement. À l'image de la Standard Oil, dissoute en 1911 à la suite d'un arrêt de la Cour suprême des États-Unis qui a considéré qu'elle était en situation de monopole. Elle a été scindée en 34 sociétés distinctes dont les futures Exxon, Chevron, Amoco ou Mobil. Pour Facebook, les tenants du démantèlement avancent deux arguments : sa toute-puissance représente un danger pour la démocratie ; sa gestion imprudente des données personnelles en fait « le plus nuisible des monopoles au monde ». Ces mouvements mènent comme une guérilla contre Mark Zuckerberg. C'est ainsi que lors d'une assemblée générale des actionnaires en 2018, Sarah Miller a affrété un petit avion qui traînait une banderole où l'on pouvait lire : VOUS AVEZ DÉTRUIT LA DÉMOCRATIE. De passage à Paris le 2 décembre 2017, Obama met les pieds dans le plat, lors d'une conférence à la Maison de la Radio, devant un parterre de politiques (Ségolène Royal, Jack Lang, Frédéric Mitterrand, Hubert Védrine) et de journalistes en vue (Anne Sinclair, Jean-Pierre Elkabbach, Philippe Labro). L'ancien président appelle Facebook à prendre la mesure de sa responsabilité face aux développements des *fake news* et de la propagande en ligne en période électorale. Il pointe aussi l'effet « bulle » des réseaux sociaux : « N'écouter que ceux qui pensent comme nous est un danger pour nos démocraties. »

Le record brésilien

Le phénomène des *fake news* ne cesse de prendre de l'ampleur. Il a joué un rôle essentiel au Brésil dans l'élection du populiste Jair Bolsonaro à la présidence en octobre 2018. Ce dernier s'est beaucoup inspiré de la campagne victorieuse de Donald Trump. Ces infox, suscitées par l'équipe de campagne de Bolsonaro, ciblaient directement Fernando Haddad, son adversaire du Parti des travailleurs. Là encore, Facebook fait figure d'accusé. Ces *fake news* se sont répandues, principalement par la messagerie instantanée WhatsApp, qui appartient au groupe de Mark Zuckerberg. Un sondage d'Ipsos a établi que 60 % des Brésiliens croyaient à ces infox. Un record planétaire ! Partout dans le monde, elles semblent devenir la norme dans les campagnes électorales. Souvent d'origine étrangère, ces *fake news* deviennent une arme pour les candidats antisystème. Ils présentent les réseaux sociaux (Facebook, Whatsapp, Twitter ou YouTube) comme la voix du peuple contre les élites : politique, journalistes, etc. On l'a vu en France avec la tonalité très anti-establishment, anti-européenne de certains sites pendant la campagne présidentielle de 2017 et pendant la crise des Gilets jaunes.

Lors de la campagne présidentielle, l'entourage du candidat Macron a accusé nommément la chaîne RussiaToday France et le site Sputnik, financés l'un et l'autre par le Kremlin, de « propagation de fausses nouvelles ». Il leur a reproché d'avoir relayé et amplifié toutes les informations favorables à François Fillon et surtout à Marine Le Pen. Le candidat Macron a accusé des médias, « pour certains liés à des intérêts russes », d'avoir propagé la rumeur qu'il posséderait un compte aux Bahamas. Il dément catégoriquement et parle de « mensonge ». Une étude avant le premier tour a pu établir le lien entre ces médias étrangers et les électeurs de Marine Le Pen.

Elle a été réalisée par l'agence Reputation Squad, qui a analysé les « likes » sur Facebook entre août 2016 et mars 2017. En se fondant sur 2,2 millions d'utilisateurs de Facebook, elle a croisé les « likes » sur des articles aux « likes » pour les candidats. Sans surprise, les électeurs de Fillon préfèrent *Le Figaro*, *La Croix*, le *JDD* et *Le Figaro*. Ceux de Macron *Les Échos*, le *JDD* et *Le Monde* et ceux de Jean-Luc Mélenchon, *L'Humanité*, Mediapart, *Libération* et *L'Obs*. Mais les médias préférés des électeurs de Marine Le Pen sont quatre médias moins classiques : Boulevard Voltaire et Fdesouche, deux sites d'extrême droite, ainsi que RussiaToday France et Sputnik News. Plus récemment, pendant la crise des Gilets jaunes, le quotidien londonien *The Times* affirmait sans détour que « la Russie (était) le véritable carburant des protestations françaises ». Deux mille faux comptes Twitter ou Facebook auraient été téléguidés pour relayer massivement les revendications et les appels à manifester.

Au point où nous en sommes, Facebook et Twitter ne peuvent rester inertes face à ces manipulations à grande échelle sur leurs plates-formes respectives. Les GAFA ne peuvent refuser de réfléchir aux conséquences du phénomène, au motif que les *fake news* ont toujours existé. La puissance de leurs algorithmes leur donne un retentissement gigantesque. La masse des contributions qui transitent par leurs plates-formes rend tout contrôle difficile. Dans le monde d'avant, on parlait plutôt de « manip ». Il s'agissait bien de la même chose. La presse a toujours été vigilante. Elle s'est parfois laissé instrumentaliser, contourner ou berner. Qu'on se souvienne par exemple de l'incendie du Reichstag, le siège du Parlement allemand, ravagé par les flammes dans la nuit du 27 au 28 février 1933. Alors même que l'identité des incendiaires n'est pas établie formellement, Hitler présente immédiatement l'événement comme la première manifestation d'un « complot communiste ». Un prétexte tout trouvé pour imposer une législation d'exception qui va restreindre les libertés individuelles. La chasse aux « rouges » est lancée avec des centaines d'arrestations de militants de gauche. Autre exemple de *fake news* : la rumeur d'Orléans. En avril 1969, en pleine campagne présidentielle qui verra la victoire de Georges Pompidou, il se dit que les cabines d'essayage de plusieurs boutiques de lingerie tenues par des juifs sont équipées de trappes qui permettent d'enlever les clientes pour les livrer à un réseau de prostitution. Elles seraient embarquées de force dans un sous-marin qui remonterait la Loire pour échapper aux autorités françaises.

Facebook et les « nus artistiques »

Aujourd'hui, la traque des *fake news* est plus complexe, car Facebook ou Twitter ne sont pas des médias au sens où on l'entend. Doit-on d'ailleurs considérer Mark Zuckerberg comme le directeur de la publication de tout ce qui circule sur Facebook ? Si tel était le cas, il serait fondé à faire le tri entre les contenus et à récuser tel ou tel sujet, mais nombreux seraient ceux qui le lui reprocheraient. Une sorte de « Big Brother » puissance dix dont personne ne veut !

Le réseau social a pu mesurer ce qu'il en coûte de vouloir réguler un tant soit peu les contenus. Avec les meilleures intentions du monde, Facebook a ainsi entrepris une campagne contre la reproduction de la nudité sur ses plates-formes. Les algorithmes faisaient le tri, sans faire trop le détail. Dans leur zèle, ils avaient ainsi censuré un tableau de Rubens, *La Descente de croix*, où le Christ est représenté pratiquement nu. Cette œuvre avait été reproduite par le musée Rubens d'Anvers en Belgique, dans le cadre d'une action promotionnelle du tourisme en Flandre durant l'été 2018. Facebook a dû s'excuser. Ça n'était pas la première fois qu'il tapait à côté. En 2011, le compte de Fréderic Durand-Baïssas, enseignant de son état, avait été désactivé, au motif qu'il avait publié une reproduction de *L'Origine du monde*, l'œuvre de Gustave Courbet représentant un sexe féminin. La justice a été saisie.

On le voit avec ces deux exemples, les réseaux sociaux ne peuvent se transformer en super rédacteurs en chef des contenus qu'ils hébergent. Il y aurait là une forme de censure inacceptable. À l'inverse, ils ne peuvent se laver les mains de ce qui transite chez eux. La nudité ne peut s'afficher sans limites sur Facebook… Depuis ces incidents, des règles plus nuancées auraient été instaurées. Des fesses représentées sur une œuvre d'art sont désormais autorisées. Un sein également, que ce soit sur un tableau ou pour illustrer des contenus à caractère médical. Mais on sent bien la difficulté de l'exercice et la question plus fondamentale qu'il pose : peut-on tolérer une liberté d'expression absolue au risque de favoriser les *fake news* ou des contenus tombant sous le coup de la loi : propos racistes, appels à la haine, etc. ? Évidemment, non.

Aujourd'hui, ces réseaux sociaux ne sont pas responsables des contenus illégaux qui sont postés, répercutés et amplifiés sur leurs plates-formes. La loi reste assez impuissante face à la propagation de messages djihadistes sur Facebook par exemple. Il faut donc faire évoluer la législation et amorcer un début de régulation. Des sujets sur lesquels le consensus, forcément international, est difficile à trouver. À Paris comme à Bruxelles, il y a convergence de vues pour adapter le droit à cette nouvelle donne de l'Internet. Mais comment ? On pourrait imaginer une législation imposant à ces réseaux sociaux de retirer les contenus hors la loi, dans l'heure ou dans les vingt-quatre heures suivant leur signalement. En Allemagne, ces réseaux sociaux risquent une amende pouvant aller jusqu'à 50 millions d'euros si des contenus illicites restent en ligne plus d'une journée. Cette législation a été adoptée après la vague d'attentats terroristes de 2015. On a pu mettre en évidence que l'État islamique avait beaucoup utilisé les « *social media* » pour répandre sa propagande et recruter des candidats terroristes. L'exemple allemand est une source d'inspiration pour le gouvernement français qui cherche lui aussi une parade. On pourrait aussi imposer par la loi aux présidents des filiales françaises de Facebook, Twitter ou YouTube un statut comparable à celui de directeurs de la publication dans la presse écrite. Une idée défendue par Antoine de Tarlé, l'ancien président de *Ouest-France* : « [Ces présidents de filiales françaises] seraient donc légalement responsables des contenus diffusés par ces plates-formes et pourraient faire l'objet de poursuites devant les tribunaux, ce qui présenterait l'avantage de fixer une jurisprudence s'inspirant du droit de la presse[2]. » Les Britanniques réfléchissent à la création d'un code de déontologie et d'une autorité indépendante qui pourrait poursuivre les plates-formes. Dans un rapport parlementaire publié en février 2019 à Londres, Facebook est accusé d'être « un gangster du numérique », coupable d'avoir laissé prospérer les *fake news*. Ce débat avec Facebook est crucial pour la démocratie.

Les excuses de Zuckerberg

C'est une question que Facebook n'aborde pas dans les meilleures conditions. L'enfant prodige Mark Zuckerberg a perdu de sa superbe. 2018 restera sans

2. Télos, 20 décembre 2018.

doute une année charnière. C'est l'*annus horribilis* : le site BuzzFeed a dénombré pas moins d'une trentaine d'affaires embarrassantes impliquant directement son groupe. L'une des plus importantes est l'affaire Cambridge Analytica. Elle va rester comme une tache dans la *success story* de Facebook. On connaît les faits. Cette société de marketing politique avait récupéré, entre 2014 et 2015, les données privées de 87 millions d'utilisateurs pour les proposer à l'équipe de campagne de Donald Trump. Cette manipulation a permis d'envoyer des messages ciblés à une partie de la population américaine pour le plus grand profit électoral de Donald Trump. Cette affaire a valu à Mark Zuckerberg deux auditions pénibles devant le Congrès américain puis devant le Parlement européen. Plutôt que de répondre ou de se justifier devant la succession de dérives des réseaux sociaux (*fake news*, propagande djihadiste ou manipulation politique), il a jugé plus habile de faire acte de contrition : « Nous n'avons pas fait assez pour empêcher ces outils d'être utilisés à mauvais escient. Nous n'avons pas pris suffisamment conscience de notre responsabilité, et c'était une énorme erreur. C'était mon erreur, et je vous présente mes excuses. »

Cette stratégie de fausse humilité n'a pas abusé les parlementaires américains, qui ont de la mémoire. Ils lui ont fait remarquer que cette stratégie de l'excuse était une constante chez Facebook depuis 2006 après chaque incident. Et que rien ne changeait vraiment. Néanmoins, lors de ces auditions, Mark Zuckerberg a fait évoluer son discours en reconnaissant qu'il n'était pas fondamentalement hostile à une régulation d'Internet. Jusque-là, il s'y était toujours opposé par principe. Devant ses actionnaires, Mark Zuckerberg a utilisé le même registre de la contrition : « Nous avons été trop lents à identifier cette menace des *fake news*, car nous étions jusque-là surtout concentrés sur les attaques informatiques. Désormais, nous sommes bien réveillés ! » Laurent Solly, le patron France et Europe du Sud de Facebook, enfonce le clou. « La protection des données et l'intégrité de notre plate-forme sont deux de nos priorités absolues. Nos actions consistent en la suppression des faux comptes, des partenariats avec les organisations tierces de *fact checking* et la promotion de l'éducation à l'information[3]. » Facebook s'est en effet organisé. Plusieurs milliers de salariés du groupe à travers le monde travailleraient sur ces questions de modération. La moitié d'entre eux scanneraient les contenus postés sur Facebook, grâce à des logiciels d'intelligence artificielle. Mais la transparence a des limites. L'Américain ne livre qu'au compte-gouttes les détails de son organisation. *Le Monde* fait partie des rares journaux à avoir eu accès à l'un des six *open spaces* de Facebook, installés à Barcelone et chargés de traquer les contenus litigieux. Environ 800 salariés s'y relaieraient. L'immeuble a des allures d'appartement-témoin. Lorsque Morgane Tual, envoyée spéciale du *Monde*, pénètre dans la salle, tout s'arrête : « Sur leurs vingt-quatre écrans, la même image, immobile, celle de la page d'accueil colorée des standards de la communauté. Hors de question que nous puissions ne serait-ce qu'apercevoir un écran

3. CB News, novembre 2018.

en fonction. » Facebook se justifie : « C'est pour respecter la vie privée des utilisateurs, puisqu'on voit le nom des personnes qui ont publié les contenus. » *Le Monde* ne pourra interviewer personne, si ce n'est, en fin de visite, « cinq salariés, triés sur le volet[4] ». Ce travail pousse en effet Facebook à « faire le ménage » dans ses comptes. En novembre 2018 par exemple, quelques jours avant les midterms, le réseau social a annoncé avoir bloqué 30 comptes de son réseau et 85 comptes d'Instagram qu'il contrôle. Facebook les soupçonne de liens avec des pays étrangers, peut-être russes…

Quoi qu'en dise Laurent Solly, Facebook a semble-t-il pris beaucoup de liberté sur la question cruciale de la confidentialité des données. Une enquête du *New York Times* publiée en décembre 2018 a révélé que le réseau social a accepté de partager, à leur insu, les données personnelles de ses utilisateurs avec plusieurs grands groupes comme Apple, Netflix, Microsoft et Spotify. Il s'agissait de données privées comme les messageries ou le nom des amis de leurs clients. L'enquête du *NYT*, menée sur la foi de documents internes et de témoignages anonymes d'anciens salariés, va même plus loin. Elle révèle que ce partage de données a commencé en 2010, se poursuivant pour partie en 2018, et que 750 entreprises en avaient bénéficié.

En lançant Facebook, Mark Zuckerberg ne s'attendait évidemment pas à ça : lui reprocher d'être une menace pour la démocratie alors que son projet était

4. *Le Monde*, 13 décembre 2018.

à l'origine de faciliter le dialogue entre les étudiants d'une même université ! Il est accusé d'avoir joué les apprentis sorciers. Les *fake news* menacent sa réputation. Mark Zuckerberg tombe de haut. À l'origine, Facebook comme Google ne s'intéressaient guère à l'actualité. Chez ce dernier, on estimait même que « l'information n'avait pas de valeur » et que, dans ces conditions, il n'y avait pas lieu de la payer. Les médias ont longtemps été considérés comme non prioritaires. C'est un sujet trop politique et donc trop sensible. Une position qui a évolué avec le temps.

La manne du « fonds Google »

Les GAFA (Google, Apple, Facebook et Amazon) se sont rendus compte que les médias et ce qui s'y rapporte sont une source d'audience, de fidélisation et de revenus intéressante. Ils comprennent qu'ils doivent se garder de se transformer en médias, mais qu'ils ont plutôt intérêt à collaborer avec les acteurs installés du monde de l'information. En 2013, des négociations s'engagent entre les éditeurs français et Google. Les motivations de l'Américain ne sont pas totalement désintéressées. L'objectif est d'aider les médias qui n'ont pas d'argent pour le faire à investir dans les technologies qui permettront d'accélérer leur digitalisation. Google dégage ainsi 20 millions d'euros par an pendant trois ans. Ces 60 millions sont logés dans un « fonds ». Il est géré par les éditeurs et des représentants du moteur américain. Quotidiens, magazines, radios et sites internet vont faire financer des projets par ce « fonds Google », qui apporte chaque fois 60 % du financement de chaque dossier. Aucune obligation n'est imposée par Google d'utiliser ses technologies. C'est une aide qui permet la concrétisation de développements intéressants pour bon nombre de médias : des studios vidéo, des applications particulières, des projets de gestion de datas. Certains vont néanmoins critiquer la démarche qui leur semble être davantage une aumône, si l'on rapporte ces 60 millions à la puissance financière de Google.

On peut y voir le signe de la volonté des Américains de travailler avec les éditeurs français qui, pour la plupart, se sont ralliés à l'idée, dans leur intérêt bien compris. Le principe de réalité s'impose. C'est que Google tire sa puissance de son modèle mathématique et de ses ressources financières considérables. Il investit chaque année des sommes très importantes en recherche et développement : 16 milliards en 2016 dans les domaines aussi stratégiques que l'intelligence artificielle, la santé, les voitures autonomes, etc. Année après année, le géant américain conforte son avance et semble aujourd'hui irrattrapable. L'alternative est simple : soit il faut apprendre à se passer de lui, soit il faut apprendre à travailler avec lui. Le marché des comparateurs de prix est une bonne illustration du rapport de force. Le Guide.com, racheté par Lagardère, ou Kelkoo, n'auront pas d'autre choix que de se vendre ou de disparaître, car incapables de résister au rouleau compresseur de sociétés comme Google, toujours en avance d'une bataille.

L'exemple du NYT

Cette avance est particulièrement frappante dans le domaine crucial de la data où les plates-formes américaines ont beaucoup de choses à nous apporter sur la connaissance de nos propres lecteurs auditeurs internautes. Avec le papier, nous en étions à l'âge de pierre. On sait bien qu'un lecteur ne lit pas la totalité d'un journal ; il sélectionne certains sujets, certains articles. Mais, en dehors d'études épisodiques assez générales, les éditeurs n'ont qu'une connaissance très sommaire de la consommation de leur publication par leur client. Il est désormais possible de suivre le lecteur, d'identifier ses goûts, ses centres d'intérêt, en s'appuyant sur le digital. Grâce à la technologie de Google, *The New York Times* dispose désormais, en temps réel, de toutes ces informations clés dont la connaissance peut être très utile pour le développement du titre. Sur la publicité, le déséquilibre est le même entre les GAFA et les éditeurs de l'« ancien monde ». Si la publicité traditionnelle vend un nombre de lecteurs, d'auditeurs ou de téléspectateurs, le numérique permet de vendre de la « data » sur des cibles de plus en plus précises. C'est ce qui est la base de leur succès financier. Il semble évident qu'une discussion doit s'engager sur un partage de ces données. Le paradoxe vient de ce que les textes décidés en Europe pour protéger la connaissance de ces informations, comme le RGPD (Règlement général sur la protection des données de l'Union européenne) ou e-privacy (projet de directive « vie privée et communication électronique »), renforcent en fait les GAFA, qui disposent déjà de ces données et n'ont plus le droit de les partager.

Pour les éditeurs, l'exploitation de l'intelligence artificielle au travers de ces datas peut être vitale. Les principaux médias américains l'ont bien compris. Savoir inciter un lecteur à s'abonner en lui suggérant des contenus sur ses centres d'intérêt favoris peut avoir une efficacité exceptionnelle. C'est ce qu'a très bien su faire *The New York Times*. Comme on l'a vu, ses 3,3 millions d'abonnés ont été conquis grâce au parti pris anti-Donald Trump. Mais le succès vient aussi de sa capacité à proposer des contenus plus ciblés comme… les recettes de cuisine et les mots croisés, pour lesquels une aide est même prévue en cas de difficulté. Il est d'ailleurs possible de souscrire à un abonnement spécifique pour ces deux rubriques très prisées : 5 dollars pour les recettes, 7 dollars pour les mots croisés. C'est sans doute moins glorieux, mais c'est la réalité. Le développement des datas est crucial dans la stratégie de redressement financier des groupes de presse. Le *NYT* séduit ses futurs clients avec des abonnements à 1 dollar par semaine. Puis, par la qualité des propositions additionnelles qu'il fait à ces nouveaux lecteurs, il parvient à augmenter le prix de l'abonnement à 8 dollars par mois, puis à 26 dollars. Et la plupart des lecteurs acceptent, car les propositions sont à la fois bien ciblées et pertinentes. Pour ce faire, *The New York Times* s'est beaucoup servi de Subscribe with Google, un outil très précieux… On voit là tout le profit d'une collaboration entre les GAFA et les éditeurs de presse.

Des Chinois bien menaçants

La discussion sera forcément ardue. Mais on peut imaginer que les acteurs chinois (Baidu, Alibaba, Xiaomai, Tencent, Huawei), dont la montée en puissance est écrite, seront des interlocuteurs beaucoup plus difficiles. Leurs ambitions sont mondiales, leur vision souvent hégémonique à l'extérieur de leurs frontières, et protectionnistes à l'intérieur : Google, Amazon ou Facebook n'ont pas droit de cité en Chine. À l'inverse, la conquête des marchés occidentaux par les géants chinois commence par New York. Fort d'une base domestique colossale, ces groupes parrainés par le parti communiste jouent sur les deux tableaux. Le cas de Jack Ma, le charismatique créateur d'Alibaba, est une bonne illustration de ce grand écart. Membre du PCC, son entreprise est cotée à Wall Street. Elle n'est pas la seule. Il y a d'ailleurs comme une symétrie avec les GAFA, qui ont tous leur équivalent chinois, mais souvent beaucoup plus puissant.

Face à Amazon, Alibaba a déjà dépassé l'américain en nombre de clients. Il s'appuie sur l'immensité du marché chinois (qu'il domine) et sur un modèle différent de son concurrent américain : Alibaba vend, mais n'assure pas la distribution. Face à Google, Baidu est lui aussi coté à New York sur le Nasdaq. Face à Facebook, Tencent est en prime présent dans les jeux vidéo et les messageries (WeChat). Il détient un portefeuille de participations dans plus de 300 start-up. Face à Apple Music, Tencent Music est coté à New York depuis décembre 2018. Il compte quinze fois plus d'abonnés que l'américain (et quatre fois plus que Spotify). Son produit est aussi plus abouti. C'est une plate-forme qui permet de faire du karaoké et de discuter en ligne sur les nouveautés musicales. Sur un créneau voisin de partage de vidéos de danse et de défis, l'application d'origine chinoise TikTok fait un malheur auprès des 11-14 ans depuis son lancement en 2016. Inspirée de l'appli américaine Snapchat, elle a dépassé le milliard de téléchargements (hors Chine) début 2019. En juin 2018, elle en avait moitié moins.

Face à Apple qu'il a dépassé, Huawei est le leader mondial des équipements télécoms et numéro deux mondial des téléphones mobiles. Son appétit d'ogre inquiète les Américains et pas uniquement depuis l'élection de Donald Trump. Des premières précautions ont été prises sous la présidence Obama. L'administration américaine suspecte Huawei de concevoir des réseaux et des logiciels qui permettraient de faire de l'espionnage, de faciliter les cyberattaques ou de perturber les communications. Dans le cas d'une guerre hypothétique avec les Chinois, les Américains redoutent que Huawei puisse écouter des conversations entre l'état-major et les soldats ou qu'il pirate les liaisons de sites stratégiques comme les aéroports ou les hôpitaux. L'Australie, le Japon et la Grande-Bretagne sont aussi sur leurs gardes. De nombreux pays européens réfléchissent à deux fois avant de commander aux Chinois des équipements pour leur futur réseau 5G, que certains aux États-Unis présentent comme la plus grande révolution des télécoms depuis l'invention du téléphone par Graham Bell en 1876. C'est en effet grâce à cette 5G que les milliards d'objets connectés de par le monde fonctionneront demain. C'est que la 5G s'annonce cent fois plus rapide que la 4G. Les connexions seront instantanées, ce qui permettra de développer la voiture autonome, la chirurgie à distance, etc. Grâce à une « puissance de feu » de 50 000 chercheurs, Huawei propose aux opérateurs mobiles du monde entier des équipements plus performants et moins chers que la concurrence américaine ou européenne (Ericsson, Nokia). Avec quelques arrière-pensées géopolitiques : qui contrôle la 5G dominera l'économie mondiale.

La bataille des droits voisins

C'est dans ce climat de guerre commerciale planétaire que les Européens, et notamment les Français, doivent adopter leur stratégie vis-à-vis des GAFA… Les éditeurs n'en sont pas encore à la négociation polie ou à la coopération, mais plutôt à la confrontation. Les relations entre les uns et les autres se sont nettement dégradées depuis que le Parlement européen s'est saisi du projet d'une contribution financière que les GAFA paieraient aux médias dont ils utilisent les contenus gratuitement. C'est le *casus belli*. Les recettes publicitaires générées par les grands sites d'information représentent 3 milliards d'euros par an. Or 90 % de ces recettes sont prélevées par les GAFA, essentiellement Google et Facebook, qui ont en plus créé des produits commerciaux comme Google News ou Apple News, autour des contenus produits par les médias traditionnels. D'où cette idée d'exiger qu'ils versent des droits d'auteur aux médias dont ils utilisent la production pour vendre de la publicité. C'est ce que l'on appelle les « droits voisins » (des droits d'auteur) qui existent déjà dans l'industrie musicale. Lorsqu'une radio diffuse un morceau, elle doit verser des droits à la maison de disques dont le rôle a été de produire et de promouvoir l'œuvre de l'artiste auprès du grand public en produisant un CD. Dans le showbusiness, c'est la SACEM, Société des auteurs, compositeurs et éditeurs de musique, qui perçoit cette manne financière et la redistribue. C'est le même mécanisme qui doit s'appliquer, au nom des mêmes principes, aux entreprises de médias.

Combat sans concession

Les éditeurs de presse et les groupes audiovisuels toucheront des droits suivant des règles qui restent à définir par chaque État européen, puisque ce sont eux qui ont produit ces contenus pour qu'ils puissent être mis à la connaissance du grand public. Autrement dit, Google, Facebook et Twitter vont devoir payer pour l'utilisation de ces contenus. Le Parlement européen a voté le principe d'une telle contribution en septembre 2018. Une date historique. Le combat a été sans concession. Il a duré plusieurs mois. Le principe du droit voisin est acquis en Europe. Des discussions avec la Commission européenne et le Conseil européen doivent s'engager pour passer au concret. La route est encore longue. Il faudra ensuite que chaque pays membre organise un vote parlementaire pour que le texte ait force de loi.

Les GAFA ont mené une campagne de lobbying implacable avant le vote, pour éviter ce qu'ils considèrent comme un précédent fâcheux : rémunérer des médias pour l'exploitation de leurs contenus à l'échelle d'un continent. Jusqu'au dernier moment, les parlementaires européens ont été submergés de mails, pour les mettre en garde sur les conséquences de leur décision. La veille du vote, des camions radios circulaient dans le cœur de Strasbourg pour expliquer que l'instauration d'un droit voisin aurait pour conséquence la disparition des sites d'info sur Internet. Les GAFA pris en flagrant délit de *fake news* ! On a assisté à une alliance contre nature assez comique entre les plus grands groupes américains, dont les profits se comptent en milliards (16 milliards de dollars pour Facebook en 2017 ; 12,7 milliards pour Google), avec les écologistes et les mouvements alternatifs. Leur mot d'ordre commun était de dire que « l'Internet est né libre et doit le rester ». Ils estiment qu'une telle décision est contraire à l'esprit même d'Internet, fondé sur le partage ouvert des contenus. Ils ont reçu dans leur combat le soutien de Wikipédia. Pour eux, les médias ont plus à perdre qu'à gagner. C'est grâce aux technologies et aux plates-formes de Facebook et de Google que la presse écrite peut décupler son audience. C'est grâce à l'invention du smartphone par Apple et ses concurrents d'Android que les médias font évoluer leur modèle, se diversifient dans les métiers de l'image. Les GAFA avancent aussi qu'avec une barrière payante les partages de contenus seront plus difficiles et moins nombreux, ce qui pénalisera les éditeurs les moins puissants. Un premier vote en juillet leur a donné raison, mais un deuxième début septembre a entériné pour de bon le droit voisin. Le vote a ensuite été ratifié par la Commission et l'ensemble des États membres en février 2019.

Un correspondant de guerre à la rescousse

Pour les éditeurs, c'est une question de bon sens. Ils ne peuvent continuer à financer la presse et un pan essentiel de la vie démocratique en voyant partir chez les GAFA ces 90 % des recettes publicitaires. La presse écrite comme audiovisuelle est une industrie de main-d'œuvre. Moins il y a de recettes, moins elle aura les moyens de faire son travail de contre-pouvoir. Ce qui est en jeu, c'est bien l'avenir et parfois la survie de la presse. À lobbying, lobbying et demi. La veille du second vote à Strasbourg, de nombreux quotidiens européens se mettent d'accord pour publier une tribune de Sammy Ketz, le directeur du bureau AFP à Bagdad, un lieu emblématique de la difficulté et de la nécessité d'informer : « En plus de quarante ans de carrière, écrit Sammy Ketz, j'ai vu le nombre de journalistes sur le terrain diminuer de manière constante alors que les dangers n'ont cessé de croître. Aujourd'hui, il faut des gilets pare-balles, des casques, des voitures blindées, parfois des gardes du corps pour éviter d'être enlevés, des assurances. Qui paie de telles dépenses ? Les médias qui produisent les contenus et qui envoient leurs journalistes risquer leur vie pour assurer une information fiable, pluraliste et complète pour un coût de plus en plus élevé, ne sont pas ceux qui en tirent les bénéfices. Ce sont les plates-formes qui se servent sans payer. » Sammy Ketz reçoit le soutien de ses confrères qui n'en peuvent plus de ce « pillage organisé ». Google et Facebook n'emploient pas un seul journaliste, ne produisent aucun contenu éditorial, mais gagnent des millions avec le travail des autres.

Dans ce camp-ci aussi, c'est l'union sacrée. Les journaux également sont en campagne. *L'Opinion* titre : « Droit d'auteur : Halte au braquage ! » Dans son éditorial intitulé « La gratuité, c'est le vol », son directeur Nicolas Beytout enfonce le clou : « À force d'accumuler des données personnelles (profil, âge, sexe, centres d'intérêt et goûts de tous ceux qui les utilisent), [les GAFA] ont acquis une connaissance intime sur chacun et se sont imposés comme les seuls supports publicitaires incontournables, capables d'adresser la publicité en fonction des cibles visées. » Lorsque Google vend ses mots-clés, il les facture sur la base des internautes qui cliqueront réellement sur les produits proposés. Alors que la publicité traditionnelle est vendue en fonction du nombre de lecteurs, d'auditeurs ou de téléspectateurs qui auront simplement vu ou entendu un message publicitaire. Ça n'a pas la même efficacité.

Taxe GAFA

La combativité des éditeurs à faire payer les GAFA est aussi encouragée par leurs méthodes en matière d'optimisation fiscale. Non seulement ils captent, comme on l'a dit, 90 % de la valeur publicitaire de la presse, mais encore leurs sociétés et leurs bénéfices sont logés dans des pays moins gourmands en taxes en tout genre que l'État français. Elles ne paient que 9 % d'impôts sur les bénéfices en Europe, alors que le taux moyen est de 23 %. Ce qui fait dire à Antoine Jouteau, directeur général du Bon Coin, qu'il paie quatre fois plus d'impôts en France que les GAFA réunis[5]. D'après une récente enquête, Google n'aurait acquitté que 14 millions d'euros d'impôts sur les sociétés en France, Apple, 19 millions, Facebook, 1,9 million, Amazon, 8 millions, Uber, 1,4 million, Twitter, 300 000 euros et Netflix, 0 euro ! Des montants bien modestes au regard de leur activité réelle. Netflix comptait par exemple 3,5 millions d'abonnés qui détenaient un abonnement moyen de 10,99 euros par mois[6]... En fait, les sommes déclarées au fisc ne représentent qu'une partie des revenus générés en France, mais sont encaissées par d'autres filiales à l'étranger. Les GAFA ont beau jeu de faire valoir qu'elles le font dans le respect du droit européen qui instaure une concurrence fiscale de fait entre ses divers États membres. Emmanuel Macron, aussitôt élu, a plaidé à Bruxelles en faveur d'une taxe sur une partie du chiffre d'affaires des entreprises du numérique et non sur les profits qui sont plus facilement délocalisables. Ce projet doit faire l'unanimité pour être adopté. Chaque pays européen voit midi à sa porte. L'Irlande, qui profite

5. BFM Business, 13 septembre 2018.
6. BFMTV, 16 décembre 2018.

de sa fiscalité avantageuse pour attirer ces entreprises américaines sur son sol, est par exemple très réservée. L'Allemagne, qui craint des mesures de rétorsion contre son industrie automobile, refrène les ardeurs françaises. Volkswagen, Mercedes et BMW craignent aussi de devoir un jour payer une taxe lorsque la voiture autonome se sera généralisée...

Face à la difficulté de trouver un consensus européen, plusieurs pays dont la France, l'Autriche ou l'Italie prennent le risque d'adopter une taxation nationale. La perspective d'un accord global est trop éloignée. Les opinions publiques s'impatientent au nom de la justice fiscale. La taxation des GAFA devient un sujet politique sensible, souvent évoqué lors du grand débat national organisé par Emmanuel Macron pour résoudre la crise des Gilets jaunes.

Conclusion

VIVE LE JOURNALISME !

La crise des Gilets jaunes a servi de révélateur. Les *fake news* sont parmi nous. En envahissant les réseaux sociaux, chacun a pu toucher du doigt leur puissance et plus encore leur nocivité. Jusque-là, il était difficile de prendre la mesure exacte du phénomène. Pendant la présidentielle de 2017, il est resté plus souterrain. Avec les Gilets jaunes, les masques sont tombés. Sornettes et bobards se sont répandus et ont prospéré jusqu'à la nausée. Chacun s'ingéniant à partager des contenus sans même les ouvrir, dès l'instant qu'ils les confortaient dans leur combat ou leurs opinions les plus discutables.

Des complots partout

On a vu par exemple l'un d'entre eux, Maxime Nicolle, propager des *fake news*, dissimulé derrière son pseudo « Fly Rider » (cavalier volant). Sa page Facebook a été l'une des plus suivies pendant le mouvement (plus de 200 000 followers). Ce Breton de 31 ans, sensible aux thèses complotistes, est sorti de l'anonymat en apparaissant dans l'émission de Cyril Hanouna « Touche pas à mon poste » sur C8. Il a hébergé sur son site la vidéo de son compère, Éric Drouet. Florilège : Maxime Nicolle a prétendu que des policiers avaient participé au saccage de l'Arc de triomphe le 1er décembre 2018, que les Français se préparaient à manifester avec des armes, qu'Emmanuel Macron allait confier la gestion de la France à l'ONU (grâce au pacte de Marrakech sur l'immigration), et qu'une Troisième Guerre mondiale était imminente. Il a aussi suggéré que l'attentat terroriste de Strasbourg du 11 décembre (5 morts, 11 blessés) était une manœuvre de diversion du gouvernement pour faire cesser la protestation des Gilets jaunes. La rumeur a pris sur les réseaux sociaux une ampleur stupéfiante : « Ne nous laissons pas impressionner par cet attentat monté de toutes pièces. » « Macron est comme Hollande. Dès qu'il a un problème, un attentat survient. » D'autres encore accusaient BFMTV d'être de mèche, puisque la chaîne s'est aussitôt mise en « édition spéciale » avec des experts du terrorisme qui sont intervenus « trop rapidement pour être honnêtes ». L'affaire est entendue ! Pour ces misérables complotistes, journalistes et invités attendaient dans la coulisse le top départ des services secrets pour entrer en piste. Faut-il en rire ou en pleurer ? À la même époque, on a aussi vu fleurir sur les réseaux sociaux des photos détournées pour dénoncer des « violences policières », pendant les manifestations parisiennes du mois de décembre. Notamment celle représentant une femme le visage ensanglanté, et une autre avec un

CRS frappant des enfants. En fait, le premier cliché avait été pris le 11 juillet 2012 à Madrid. Le second en 2016 à Bordeaux, lors d'une manifestation contre la loi Travail. Le procédé est bien rodé. On part d'un élément partiel bien réel pour le tordre, l'interpréter, l'exagérer, le déformer.

La perversité des réseaux sociaux

Évidemment, quand on commence à vérifier les informations comme les images, la réalité change de visage. Ce qui semblait simple et accablant devient plus nuancé, moins caricatural et souvent totalement faux. Ce travail de vérification est un préalable essentiel pour quiconque désire savoir sans a priori et comprendre de bonne foi. Ce travail a un nom : c'est le journalisme. C'est un vrai métier que de savoir recueillir l'information, la vérifier, la mettre en forme, la hiérarchiser et la publier. Facebook et Twitter ont apporté la preuve que les bons vieux médias restaient plus que jamais nécessaires. Fonctionnant principalement à l'émotion, les réseaux sociaux ont fait la démonstration de leurs limites, parfois de leur perversité. La décision de Facebook de modifier son algorithme fin 2017 a renforcé encore ce primat de l'émotion sur l'information.

La « tyrannie » de cette information instantanée, digitale ou télévisée, rend aussi cruciales la vérification et la mise en perspective. La défense de notre système démocratique passe aussi par là. On ne peut pas considérer que le traitement de l'actualité est devenu une simple commodité, sans aucune valeur particulière, que tous les médias et tous les sites se valent. L'information fiable ne relève pas de la génération spontanée. Les combats contre les *fake news*, la propagande en ligne, les accusations sans preuve, le lynchage et le piétinement de la vie privée sont devenus une ardente priorité. C'est la vocation des médias. De tous les médias ! Qu'ils soient payants ou gratuits, imprimés ou digitaux, écrits ou audiovisuels. Les fondamentaux du métier restent les mêmes. L'objectif, c'est que l'information publiée ou diffusée soit exacte, vérifiée, réfléchie, pertinente, accessible, utile, originale, bien mise en scène et compréhensible par le public auquel elle s'adresse. Il n'y aurait pas de sens à ce que ces règles n'aient cours que dans les médias traditionnels. Elles doivent aussi s'imposer dans les médias numériques pour toucher le public le plus large, et notamment les plus jeunes qui ne s'informent que par le digital.

Aller à la source

Pour faire ce travail, il faut d'abord savoir aller à la source et ne pas se contenter de recopier ou de répéter ce que tout le monde dit, dans la rue, dans les bistrots ou sur les réseaux sociaux. Aller à la source, c'est partir en reportage en France ou à l'étranger ; c'est parfois risquer sa vie lorsqu'il faut couvrir une guerre, une manifestation, un attentat ou une catastrophe naturelle. Aller à la source, c'est suivre les hommes politiques dans leurs déplacements, recueillir des confidences qui éclaireront leur action ; c'est enquêter sur les affaires politico-financières ou sanitaires en cherchant des preuves ou en recoupant les témoignages. Aller à la source, c'est s'immerger pour comprendre et faire partager la réalité d'un conflit social (SNCF, Gilets jaunes) ou d'une évolution de la société (famille monoparentale, PMA) ; c'est passer du temps avec les personnalités (artistes, joueurs de foot, politiques, syndicalistes) dont on fait le portrait ; prendre la peine de lire les livres, les films ou les expositions que l'on critique, etc. Ce sont des déplacements, du temps et donc de l'argent. C'est le lot des quotidiens à Paris et en province, des hebdos, des radios et des télévisions. Chaque média aborde l'exercice à sa manière, avec un mélange paradoxal d'expertise, nécessaire pour aborder des sujets complexes, et d'œil neuf, qui permet de mieux se mettre à la place de ceux pour qui l'on travaille : le public. On trouve dans la presse des stars adulées et bien payées, de grands reporters téméraires et passionnés et des journalistes qui, dans l'ombre, sans épate ni publicité, font un travail d'artisan patient, long et parfois ingrat.

Dans ce travail de décryptage du monde, le rôle de la presse est irremplaçable, au sens premier du terme. Sa vocation initiale est jour après jour de témoigner, d'enquêter, de donner du sens, d'ouvrir des perspectives aux événements qui se succèdent à un rythme soutenu. Les agences comme l'AFP publient sur leurs fils quatre ou cinq dépêches à la minute. C'est ce travail de tri, de hiérarchie, que les médias veulent proposer à leurs lecteurs, auditeurs, téléspectateurs ou internautes avec l'obsession de choisir l'important et/ou l'intéressant. Là où les médias tentent – sans doute imparfaitement – de faire le pari de la réalité, de l'explication et de l'intelligence, les réseaux sociaux sont plus souvent qu'à leur tour tentés par la controverse, la polémique, l'antagonisme, l'injure et l'excès. D'un côté, on essaie tant bien que mal de savoir et d'expliquer ; de l'autre, on crie avec les loups et l'on refuse la complexité du monde au risque de faire la courte échelle à tous les populismes. L'émergence de ces réseaux sociaux fait apparaître, d'une façon peut-être plus claire, ce qu'est ce métier de journaliste. Il n'a rien d'un intouchable. Mais il mérite assurément d'être réhabilité.

Dépasser la crise de confiance

Le développement d'Internet, des blogs et des réseaux sociaux a fait croire à certains qu'il y avait là une recette magique pour s'affranchir de tout intermédiaire entre la réalité telle qu'elle est et sa médiatisation, souvent accusée de rimer avec déformation. Il y a comme une jubilation, chez certains, à se passer des journalistes, forcément « acquis au système et aux lobbys », forcément « complices » des pouvoirs politiques et économiques qu'ils protègent, forcément « bridés » dans leur expression pour protéger tel ou tel, forcément « avides de sensationnel » pour vendre du papier sur des sujets qui n'intéressent qu'eux. On assiste à une défiance croissante de l'opinion pour les médias écrits et surtout audiovisuels, qu'elle consomme pourtant massivement. Le phénomène est plus marqué en France qu'ailleurs, comme le révèle l'étude annuelle réalisée depuis plus de quinze ans par Edelman, une agence de communication. Trente-trois mille personnes sont sondées dans 28 pays et il apparaît que la presse est l'institution qui suscite le plus de méfiance... Le « quatrième pouvoir » est plus contesté que jamais. Face à cet inquiétant constat, chacun est renvoyé à ses responsabilités.

D'abord, les journalistes qui ne peuvent éluder la question. Un examen de conscience, lucide mais sans masochisme, s'impose. Pourquoi ce déficit de crédibilité ? Pourquoi cette incrédulité galopante ? Pourquoi ce décalage ? Difficile de donner une explication générale, mais les études pointent divers travers : l'entre-soi, la connivence avec le « microcosme » cher à Raymond Barre, un certain esprit moutonnier résumé par la définition féroce de Jean-François Kahn. Les médias fonctionneraient suivant un logiciel en trois temps : « Lécher, lâcher, lyncher. » Et puis il y a les critiques sur la hiérarchie des sujets traités. La vie quotidienne des Français (pouvoir d'achat, logement, chômage, désertification) pâtirait d'une surreprésentation des questions liées aux minorités par ailleurs légitimes : MeToo, PMA, homophobie, fessée, écriture inclusive, etc. Bref, une dérive à l'américaine. Injustes ou exagérées, ces critiques renvoient l'image de journalistes « bobos », ouverts, généreux, souvent à gauche, mais déconnectés de « la vie des vraies gens ».

« Ressemblons aux Français ! »

Ce décalage est aussi patent sur un autre sujet ultra-sensible, qui fracture la société française : celui de l'immigration. Le même Jean-François Kahn le pointe avec le talent qu'on lui connaît dans *Le Monde* : « Depuis des décennies, dans les médias de gauche, on traquait tout ce qui pouvait apparaître comme une ambiguïté à l'égard de l'extrême droite : abordait-on la question de la sécurité, se refusait-on à tout déni du réel à propos des réactions suscitées par l'ampleur des flux migratoires… on était illico lepénisé[1]. » Avec les meilleures intentions du monde, une partie de la presse n'a finalement fait qu'alimenter le ressentiment d'une frange de l'opinion sur notre système médiatique. Certaines opinions seraient moins honorables que d'autres. La presse aurait ses obsessions et une lecture parfois manichéenne de l'actualité. La « pensée unique », chère à Philippe Séguin, serait la nouvelle *doxa* du petit monde médiatique tout comme celle des élites politiques. Les médias doivent évidemment prendre leur part dans la réflexion collective indispensable, après une crise d'une telle gravité. Laurent Guimier et son conseiller Guy Birenbaum ont ainsi joliment appelé à un « média culpa » : « Ressemblons davantage aux Français[2] ! »

Le succès des *fake news* révèle, en creux, l'échec des médias traditionnels. Les journaux enquêtent,

1. *Le Monde*, 4 janvier 2019.
2. *Les Échos*, 14 et 15 décembre 2018.

analysent, expliquent, ouvrent des débats dans leurs pages « Idées », mais ils ne sont entendus que par leur lectorat traditionnel. Pendant la campagne électorale américaine, toutes les critiques formulées par *The New York Times*, journal de référence parmi les journaux de référence, n'ont eu que peu de poids. De même, lors de la campagne sur le Brexit, les opinions les plus extrêmes et les plus folles étaient les seules audibles. La France a fait la même expérience avec les Gilets jaunes. Le magistère des titres les plus prestigieux ne pèse plus bien lourd. L'indifférence pour la presse écrite devient de l'hostilité franche pour les chaînes d'information. Au point que des reporters de BFMTV ou de LCI ont dû travailler protégés par des gardes du corps. Outre les injures devenues fréquentes, certains ont été victimes d'agression. Le 12 janvier 2019, un commando de Gilets jaunes a exigé d'un reporter de BFMTV venu couvrir une manifestation à Bourges qu'il quitte la ville. Le même week-end, des quotidiens régionaux ont été pris pour cible : *La Voix du Nord*, *L'Yonne républicaine*, *Le Journal du Centre* et *La République du Centre*.

Les médias qu'on mérite

Les lecteurs eux-mêmes doivent aussi s'interroger. N'auraient-ils pas leur part de responsabilité en refusant de payer l'information le prix qu'elle coûte ? Est-il raisonnable d'avoir si peu d'abonnés à des médias digitaux ? Est-il simplement possible de consommer toujours plus d'informations sans jamais la payer ? N'est-il pas totalement hypocrite d'imaginer que la publicité peut, à elle seule, régler la facture ? N'y a-t-il pas de l'inconséquence à critiquer de plus en plus les médias, alors qu'on les paie de moins en moins ? Comme on le lit souvent sur le Web : « *If it's free, you're the product* » (« Si c'est gratuit, c'est vous le produit »). Autrement dit, ne vous étonnez pas si l'information que l'on vous donne peut être biaisée par un annonceur, un parti politique ou une puissance étrangère. La gratuité, quand elle est subie, ne pousse-t-elle pas certains médias vers le scandale et le spectaculaire pour gonfler artificiellement leurs audiences et sauver un peu de chiffres ? Et si on avait les médias qu'on mérite ?

L'État ne peut pas non plus se laver les mains des évolutions en cours… On a vu que la révolution numérique est d'abord une révolution technologique qui impose des investissements considérables. Les actionnaires doivent avoir les reins solides. Impossible, comme jadis, d'avoir recours à des montages associatifs ou coopératifs ou d'instaurer une autogestion à la tête de médias sans ressources. La future loi sur l'audiovisuel, prévue pour 2019 ou 2020, doit favoriser cette évolution. Jusqu'à présent, la France a toujours redouté la concentration dans les médias, au nom de la défense du pluralisme. L'argument a sa cohérence. Mais c'est sans doute pour cela qu'il n'a jamais existé de grands groupes multimédias français, contrairement à ce que l'on observe à l'étranger, aux États-Unis, en Allemagne ou en Grande-Bretagne. En France, Bouygues n'est présent que dans la télévision avec une petite incursion dans la presse écrite (*Métro*).

Lagardère, propriétaire d'Europe 1 et autrefois puissant dans l'écrit, n'a jamais réussi sa grande diversification dans la télévision. Les groupes Dassault et LVMH restent essentiellement dans la presse écrite. Tout cela a-t-il encore un sens, alors que tous les médias convergent et que les acteurs français, très atomisés, abordent en ordre souvent dispersé leur discussion avec les GAFA ?

« Libération » interdit à Val-d'Isère et à l'Alpe d'Huez

Il existe aujourd'hui un seul groupe à être devenu totalement mais tardivement multimédia. Le groupe SFR Altice contrôle à la fois *Libération*, *L'Express*, RMC et BFMTV. L'opération avalisée par le CSA en 2018 a mis en évidence, jusqu'à l'absurde, l'obsolescence de la législation anticoncentration sur les médias. Au nom de la défense du pluralisme, la loi interdit à un même groupe de contrôler à la fois un quotidien national et plus de 20 % du marché de la radio et de la télévision. Or, dans les stations de ski de Val-d'Isère et de l'Alpe d'Huez, le nombre d'émetteurs se limite à quelques radios. Avec RMC et BFM Business, Altice dépassait donc cette barre fatidique des 20 %. Pour se conformer à la loi et faire cesser la position dominante du groupe Altice dans ces deux lieux de villégiature huppés, le CSA, qui ne badine pas, a demandé au groupe de ne plus distribuer *Libération* dans ces deux stations. La décision n° 2018-222 somme le groupe Altice de faire cesser cette atteinte insupportable au pluralisme dans un délai de six mois. Le seul abonné papier a été prié de passer à un abonnement digital... On voit bien avec cet exemple caricatural à quel point les règles du jeu sont devenues déconnectées des véritables enjeux.

Le paysage a totalement changé. La menace sur le pluralisme aussi. Que valent ces limitations lorsque Facebook, vecteur crucial d'informations, peut se développer sans frein avec le succès que l'on sait : 38 millions d'abonnés à Facebook en France. Il y a aussi Netflix, dont la percée rapide annonce le début du déclin de la « télévision de papa ». Le groupe, qui à l'origine était un loueur de cassettes VHS et de DVD, a déjà engrangé, fin 2018, 140 millions d'abonnés à travers le monde. Il revendique 10 % du temps passé devant la télévision par les Américains ! En France, lancé le 15 septembre 2014, Netflix a mis moins de quatre ans pour dépasser Canal + en nombre d'abonnés, en passant le cap des 5 millions de clients. Mais c'est en fait bien davantage puisqu'un abonné ou un foyer peut partager son code avec un maximum de trois personnes. On peut donc estimer que 10 à 15 millions de Français ont pris l'habitude de regarder les séries cultes de Netflix : *13 Reasons Why*, *La Casa de Papel*, *Orange is the New Black* et *Riverdale*. En prime time, Netflix est ainsi devenu la cinquième chaîne de France[3]. Dans le sillage de Netflix, Amazon Prime Video, OCS, CanalPlay et SFR Play suivent. Ce nouveau type de consommation de la télévision est plébiscité par les plus jeunes. Ils sont 63 % des moins

3. Baromètre NPA Conseil-Harris Interactive, janvier 2019.

de 34 ans à avoir adopté les programmes de ces nouvelles plates-formes. Une montée en puissance sans coup férir et sans entrave réglementaire. Le loup est dans la bergerie. À l'inverse, les médias français traditionnels sont encadrés dans leur développement par une loi contraignante d'un autre âge. Qu'on en juge. Un groupe ne peut dépasser plus de deux seuils sur trois : pas plus de 4 millions d'habitants couverts par la TNT, pas plus de 30 millions d'habitants couverts en radio et pas plus de 20 % de la diffusion totale de la presse écrite. Autre règle édictée par la loi Léotard de 1986 : un groupe radio ne peut cumuler plus de 20 % de l'audience terrestre ni couvrir plus de 150 millions d'habitants avec différents canaux. « Il est urgent de lever tous les carcans, plaide Damien Bernet, numéro deux du groupe NextRadioTV. Robert Badinter avait dit un jour que le droit du travail devait tenir en trois pages. Je dirais la même chose pour la future loi audiovisuelle. L'autorité de la concurrence suffirait à réguler le secteur, sur le plan économique. »

La tornade Netflix

La situation est en effet devenue ubuesque : les grands groupes numériques américains comme les GAFA ou Netflix profitent d'une liberté absolue sur notre territoire (en créant peu d'emplois et en payant peu d'impôts), alors que les acteurs français conservent des contraintes pénalisantes et, à l'usage, contre-productives. Les chaînes de télévision françaises ne peuvent diffuser des films les mercredis, vendredis et samedis soir, pour ne pas faire une concurrence déloyale aux salles de cinéma. Mais cette interdiction ne s'applique pas à Netflix. De même, ces chaînes doivent obligatoirement investir dans la production indépendante, mais ne bénéficient que de droits de diffusion limités dans le temps de deux ou trois ans. Les acteurs numériques n'ont pas ces obligations et leur puissance financière leur permet d'écraser le marché de leurs séries. Netflix a ainsi dépensé 8 milliards de dollars en 2018 et créé un bon millier de programmes originaux. Ce « streaming » engendre de nouvelles habitudes. C'est une nouvelle concurrence qui va se renforcer. Le phénomène ne fait que commencer… D'autres concurrents américains sont sur les rangs : Disney avec une offre plus familiale (Pixar, Marvel, ou *Star Wars*) et le catalogue Fox (*Les Simpsons*), NBC Universal, Warner Media du groupe AT&T, HBO ou Amazon. L'impact est déjà sensible en France, où la durée d'écoute de la télévision en direct est en baisse.

Les chaînes traditionnelles restent puissantes lors des grandes occasions : en 1998, 15 millions de téléspectateurs pour les obsèques de Johnny Hallyday, 19 millions pour la finale de la Coupe du monde. Mais la tendance lourde est de voir la télévision céder du terrain face au digital. En septembre 2018, les Français ont passé dix-huit minutes de moins devant leur télé par rapport à septembre 2017. Selon une étude du cabinet Zenith Media[4], le Net supplantera la télévision en 2019 : 170,6 minutes passées sur Internet contre 170,3 devant la télévision. Un chiffre global qui

4. Étude Zenith Media (groupe Publicis), juillet 2018.

recouvre des réalités très diverses. En Europe et aux États-Unis, la télévision résiste mieux. En revanche, en Asie et au Moyen-Orient, elle est largement distancée.

Les nouvelles plates-formes créent bien une concurrence pour les chaînes historiques (TF1, France Télévisions, M6) ou les chaînes payantes comme Canal+, dont les recettes sont très encadrées. Impossible pour les Français de faire de la publicité pour le cinéma alors qu'aux États-Unis, c'est le deuxième secteur le plus important après l'automobile. Impossible aussi de diffuser des publicités sur des livres ou des promotions de la grande distribution… Un nouvel équilibre est à trouver, car ces interdictions avaient pour but de protéger la presse quotidienne régionale, la radio ou l'affichage… C'est une des réformes importantes du quinquennat d'Emmanuel Macron.

Face à la menace de ces groupes numériques américains surpuissants, c'est l'union sacrée en France. Une plate-forme unique et payante, baptisée Salto, doit rassembler toutes les productions des groupes TF1, M6 et France Télévisions. Mais le téléspectateur acceptera-t-il de payer pour voir en replay ce qu'il a déjà vu gratuitement ? Et que penser de Salto face à la richesse et à la diversité des plates-formes américaines ? Aucun acteur français ne semble prêt à investir massivement dans ce projet. Un aveu ! Parallèlement, Canal+ relance CanalPlay. Alain Weill le dit sans ambages : « C'est seulement en mettant sur un pied d'égalité les groupes audiovisuels français et les grandes entreprises digitales, en matière de réglementation, que l'on permettra le développement des médias. » C'est aussi une garantie pour défendre le pluralisme et notre exception culturelle française, voire européenne. Car les groupes américains sont aux aguets. Amazon commence à s'intéresser aux droits sportifs et à des chaînes de sport. Facebook voudrait se lancer dans la distribution des plus grandes chaînes du câble telles que HBO.

Apprendre à travailler avec Google

L'État a aussi un rôle à jouer dans la normalisation indispensable des relations des éditeurs avec les GAFA. La route est longue. On a vu dans quel climat et au prix de quelles difficultés le principe du droit voisin a été voté par le Parlement européen. On voit les difficultés à mettre d'accord les 27 sur « la taxe GAFA ». Il semble néanmoins que la logique soit la bonne. L'affrontement doit laisser la place à la négociation, puis à la coopération. La puissance technologique, marketing et financière, acquise notamment par Google le rend incontournable. On voit bien les difficultés de Qwant, le moteur de recherche européen, pour émerger… Quel que soit notre développement digital, force est de reconnaître que le numérique n'est pas un domaine où les médias traditionnels ont une maîtrise satisfaisante de ces outils. Et il semble évident que, seuls, ils ne pourront jamais les acquérir.

Comme les grands médias américains, les éditeurs français doivent sans doute apprendre à travailler avec ces GAFA, à condition que les bases de discussion soient acceptables. L'avenir des médias dépend aussi de notre capacité à nous saisir du savoir-faire de ces sociétés, notamment dans le marketing éditorial. Il ne s'agit en rien d'aller à Canossa. Mais simplement de regarder les choses en face. Dans un autre secteur, tout aussi stratégique que la navigation par satellites, les Européens n'ont pu faire autrement que de recourir au GPS, une technologie 100 % américaine, lancée par Richard Nixon au moment de la guerre froide. Le problème se pose dans les mêmes termes avec Google, Apple, Facebook et Amazon.

La bonne stratégie est d'agir dans deux directions : à la fois négocier nos droits et acquérir des compétences technologiques nécessaires à nos développements numériques. Tout se tient. Mais, pour tenir le rapport de force avec les GAFA et disposer des moyens pour investir dans le numérique, les groupes de presse européens doivent devenir plus puissants. C'est aussi l'intérêt bien compris des journalistes que de travailler dans des entreprises prospères, capables de se développer. Ce qui n'est pas tout à fait le cas en ce moment.

Un nouveau paysage en mouvement perpétuel

Vingt ans après l'apparition des premiers sites d'information, une nouvelle répartition des rôles semble s'installer : le smartphone annonce, la télévision montre, la radio commente, la presse écrite explique, raconte et analyse. Il est assez probable qu'au milieu de ce big bang, certains éléments de permanence subsistent malgré tout.

Le papier n'a pas dit son dernier mot. Il devrait s'imposer comme le support des contenus haut de gamme. Bien sûr, les liseuses sont là, mais la lecture n'est pas la même. Le plaisir du beau ou du bon texte imprimé se maintiendra. Sur un support digital, l'œil n'emprunte pas le même chemin, les habitudes sont différentes, le mode de consommation est sans doute plus « utilitariste ». On lit sur du papier, on consulte davantage sur du numérique. L'exemple de l'édition est de ce point de vue éclairant. Les ventes de littérature générale et d'essais sont en faible recul, d'environ 1 % par an. Il semble probable que la presse écrite finira par trouver, avec les abonnements numériques, les recettes dont elle a besoin. Mais tous les titres n'y parviendront pas, car le marché se restreint. Seuls ceux dont la marque reste forte réussiront cette bascule.

Révolution culturelle

Les médias audiovisuels vont poursuivre leur percée dans le numérique. C'est le sens de l'histoire avec l'ampleur prise par la vidéo. Le modèle économique sera celui de la télévision gratuite. Le financement viendra essentiellement de la publicité (et de la redevance pour le service public). Mais, là aussi, il faut s'attendre encore à des bouleversements. Jusque-là, les médias audiovisuels étaient cantonnés dans l'actualité chaude, l'image et l'interview. L'investigation était plutôt l'apanage des médias écrits. Or, grâce au Web, les médias audiovisuels deviennent à leur tour des médias écrits... Ce qui leur ouvre des perspectives nouvelles. En 1995, la crise à Europe 1 est telle que Jean-Luc Lagardère confie les rênes à un nouveau trio venu de *L'Express* : Denis

Jeambar, Christophe Barbier et Jean-Marie Pontaut. Au bout de six mois, ce dernier, qui était alors l'un des meilleurs investigateurs de la place, préfère quitter le navire. Le média radio lui semble incompatible avec son métier d'enquêteur au long cours. Difficile de rapporter dans un journal radio, où les formats sont forcément très courts, la richesse de ses investigations. Ses sources se méfient aussi de ce média où les paroles s'envolent. Les scoops sont plus difficiles à obtenir. Jean-Marie Pontaut préfère revenir en presse écrite. Il est clair que le digital change la donne et apporte à l'audiovisuel une nouvelle corde à son arc. On observe là un mouvement symétrique : la télé vient à l'écrit comme l'écrit vient à la vidéo et à l'image. Les frontières deviennent poreuses entre ces deux mondes qui autrefois vivaient séparément. On constate ainsi que les rédactions des chaînes d'information attirent de plus en plus à elles des signatures venues de la presse écrite : À TF1/LCI, Christophe Jakubyszyn (ex-*Le Monde*), François Lenglet (ex-*La Tribune* et *Enjeux-Les Échos*). À BFMTV, Thierry Arnaud (ex-*La Tribune*), Christophe Barbier (ex-*L'Express*), Hedwige Chevrillon (ex-*La Tribune*), Bruno Jeudy (*Paris Match*), Hervé Gattégno (*Le Journal du dimanche*), Laurent Neumann (ex-*Marianne*), Emmanuel Lechypre (ex-*L'Expansion*) ou Dominique Rizet (ex-*Figaro Magazine*).

On le voit, les plaques tectoniques de la planète des médias continuent à bouger. Tout au long de ce livre, nous avons planté le décor de cette révolution médiatique. Elle est toujours en mouvement. Elle n'a pas fini de nous étonner et de bousculer nos habitudes. Elle va continuer à bouleverser notre façon de nous informer, de communiquer, de consommer, de vivre ensemble. C'est bien une révolution culturelle que nous connaissons. Mark Zuckerberg et ses amis Larry Page (Google), Steve Jobs, Jeff Bezos et Bill Gates ont frappé au moins aussi fort que Gutenberg ! Mais ces inventeurs de génie ont créé un monde sans journalistes et donc sans contre-pouvoirs. C'est la place que doivent conserver la presse en général et les journalistes en particulier. Ils représentent le cœur battant d'une démocratie. Sur papier comme sur écran, la presse appartient autant au monde d'hier qu'à celui de demain.

Chronologie

LES 15 ANS DU BIG BANG DES MÉDIAS

2004
Création de Facebook.
Création de LinkedIn.
Le groupe Dassault rachète *Le Figaro*.

2005
Création de YouTube.
Lancement de BFMTV.

2006
Création de Twitter.
Création de Spotify.

2007
Premier iPhone d'Apple.
Création de Deezer.
Rupert Murdoch rachète *The Wall Street Journal*.
Le groupe LVMH rachète *Les Échos*.

2008
Lancement de l'Apple Store.
Création de Mediapart.

Lancement de la chaîne OCS (Orange Cinéma Séries).

2009
Premier Samsung Galaxy.

2010
Création d'Instagram.
Premier iPad d'Apple.

2011
Création de Snapchat.
Arrêt de l'édition papier de *France-Soir.*
Lagardère vend la plupart de ses magazines au groupe Hearst.
Le Monde devient la propriété de Xavier Niel, Pierre Bergé et Matthieu Pigasse.

2012
Début de la commercialisation de la 4G en France.

2013
Lancement par Sony de la PS4.
Rachat du *Washington Post* par Jeff Bezos, fondateur d'Amazon.
Lancement du quotidien *L'Opinion.*

2014
Lancement de Netflix en France.
Création de l'hebdomadaire *Le 1.*

2015

Lancement d'Apple Music.

Rachat de BFMTV et RMC par Altice (SFR, *L'Express*, *Libération*).

Lancement de *SFR Presse.*

Le gratuit *Metronews* cesse de paraître.

2016

Lancement d'Amazon Prime Video.

Création de Brut.

Lancement de la chaîne France Info.

2017

Consécration de Netflix, qui remporte son premier Oscar avec *Les Casques blancs*, court-métrage documentaire réalisé par Orlando von Einsiedel et Joanna Natasegara.

2018

Lancement en France de Google Home, Amazon Alexa et de l'Apple HomePod.

Mondadori France vend l'ensemble de ses magazines.

Lagardère cède *Elle* (France) et l'ensemble de ses derniers magazines à Daniel Kretinsky.

Daniel Kretinsky entre au capital du *Monde.*

2019

Début du déploiement de la 5G.

Table des matières

Photocomposition PCA

Achevé d'imprimer en avril 2019
par CPI BRODARD & TAUPIN (72200 La Flèche)
pour le compte des Éditions Calmann-Lévy
21, rue du Montparnasse, 75006 Paris

PAPIER À BASE DE
FIBRES CERTIFIÉES

CALMANN LEVY s'engage
pour l'environnement en réduisant
l'empreinte carbone de ses livres.
Celle de cet exemplaire est de
550 g éq. CO_2
Rendez-vous sur
www.calmann-levy-durable.fr

N° d'éditeur : 4828076/01
N° d'imprimeur : 3033383
Dépôt légal : avril 2019
Imprimé en France.